Jayson Georges

Mit anderen Augen

Aus dem Amerikanischen übersetzt von Fred Eick

Die amerikanische Originalausgabe dieses Buches erschien unter dem Titel *The 3D Gospel: Ministry in Guilt, Shame, and Fear Cultures* im Verlag Timē Press.
Es ist auch auf Französisch (*L'Evangile en 3D*), Spanisch (*El Evangelio en 3D*), Russisch (*3D Evangeliye*) und Vietnamesisch erhältlich

Diese Veröffentlichung wurde unterstützt von DMG interpersonal e.V., Sinsheim

Die Deutsche Bibliothek verzeichnet diese Publikation in der Deutschen Nationalbibliografie; detaillierte bibliografische Daten sind im Internet über www.d-nb.de abrufbar

Umschlaggestaltung: spoon design, Olaf Johannson
Umschlagabbildung: Darrin Henry/Shutterstock.com
Satz: Neufeld Verlag
Herstellung: CPI – Clausen & Bosse, Birkstraße 10, 25917 Leck

4. Auflage 2022

Neufeld Verlag, Sauerbruchstraße 16, 27478 Cuxhaven
ISBN 978-3-86256-090-5, Bestell-Nummer 590 090

www.neufeld-verlag.de

Bleiben Sie auf dem Laufenden:
newsletter.neufeld-verlag.de
www.**facebook**.com/NeufeldVerlag
www.neufeld-verlag.de/**blog**

NEUFELD VERLAG

Jayson Georges

Mit anderen Augen

PERSPEKTIVEN DES EVANGELIUMS FÜR SCHAM-, SCHULD- UND ANGSTKULTUREN

Aus dem Amerikanischen übersetzt von Fred Eick

NEUFELD VERLAG

INHALT

Vorwort zur deutschen Ausgabe ... 7

1 **Dreidimensional** ... **9**

Drei Arten von Kulturen ... 11

Entdeckungsreise im Epheserbrief ... 13

Das Evangelium im vollen Glanz ... 14

2 **Kultur** ... **17**

Gleichgewicht halten ... 17

Kulturtyp Schuld – Unschuld ... 19

Kulturtyp Scham – Ehre ... 22

Kulturtyp Angst – Macht ... 27

Jede Kulturgruppe belohnt anders ... 30

Wie menschliche Bedürfnisse befriedigt werden ... 34

Die Welt verstehen ... 37

3 **Theologie** ... **39**

Die Heilsgeschichte im Blick auf Schuld und Unschuld ... 39

Die Heilsgeschichte rund um Scham und Ehre ... 41

Schlüsselverse zu Scham und Ehre 46
Angst und Macht in der Heilsgeschichte 47
Schlüsselverse zu Angst und Macht 50
Garten Eden und Sünde 52
Der Opfertod von Jesus am Kreuz 54
Systematisierte theologische Kategorien 59

4 **Praxis** **63**

Der Heilsplan Gottes 64
Die Heilsgeschichte 66
Den Evangelisationsstil anpassen 68
Wahrheit lehren 70
Macht erfahrbar machen 72
Gemeinschaft leben 75

5 **Schluss** **85**

Fragen zur Diskussion und Reflexion 87
Weiteres Material zum Thema 89
Anmerkungen 92

Zum Autor 95

VORWORT ZUR DEUTSCHEN AUSGABE

MIT ANDEREN AUGEN

In einer Welt, in der geographische Entfernungen kaum mehr eine Rolle spielen, in der Menschen verschiedenster Kulturen denselben Bus besteigen und sich um denselben Parkplatz streiten, werden die seelischen Abstände zwischen uns umso deutlicher.

Woher wissen wir, was richtig ist und was falsch? Wer definiert für uns Gut und Böse? Ist es ein innerer Kompass, den wir Gewissen nennen? Oder vielleicht doch eher die Mehrheitsmeinung der Nachbarn? Oder ist es gar die Vollversammlung aller Verwandten, lebend oder tot?

Völkerkundler unterscheiden zwischen Scham-, Schuld- und Angstkulturen. Positiv ausgedrückt geht es diesen Kulturen um Ehre, ein ruhiges Gewissen oder Vollmacht. Und natürlich trägt jeder Mensch jeder Kultur in wechselnden Anteilen auch Elemente der jeweils anderen Kulturen in sich. Auch wer in einer „reinen“ Gewissens-/Schuldkultur aufgewachsen ist, ist beispielsweise nicht völlig frei von dem, was die Nachbarn über ihn denken.

Jayson Georges gelingt es, uns in einfacher Sprache die Augen für die anderen Kulturen in uns selbst zu öffnen. Aber auch, die Welt mit den Augen anderer Kulturen zu sehen. Das Evangelium spricht auf verschiedene Weise zu verschiedenen Kulturen und wir erfassen seinen Reichtum besser, wenn wir uns nicht nur seinem Anspruch an unsere kulturelle Hauptprägung stellen, sondern auch hören, was es unseren beiden Nebentendenzen zu sagen hat.

Da erleben wir „Schuldmenschen" die Kraft der Erlösung auch für „Scham" und „Angst". „Siehe, ich mache alles neu!", sagt Jesus (Offb. 21,5), und dieses Neue hat wesentlich mehr Facetten, als uns bisher bewusst war.

Pfr. Günther Beck
Missionsleiter, DMG interpersonal

1

DREIDIMENSIONAL

Maryam war glücklich. Die junge Frau aus dem Nahen Osten hatte begonnen, an Jesus zu glauben. Mitstudenten ihrer Universität hatten ihr die gute Botschaft der Bibel erzählt, allerdings eher so, wie es bei uns in der westlichen Welt üblich ist:

„Wegen deiner Übertretungen bist du von Gott getrennt. Deshalb hattest du Strafe verdient. Jesus ist für deine Sünde gestorben. Glaube an ihn, und all deine Sünden sind dir vergeben." Das hatte Maryam eingeleuchtet, seither war sie Christin.

Ihr Glaube war echt. Ihre Sünden waren vergeben, davon war sie fest überzeugt. Und sie freute sich sehr, dass sie jetzt mit Jesus ein neues Leben führen konnte.

Doch Maryam entstammte einer Kultur in Nahost. Im Lauf der Zeit erlebte sie immer öfter Situationen, die mit dem Stichwort *Vergebung* alleine nicht bewältigt werden konnten. Irgendwie klaffte eine Lücke zwischen dem, was sie als Evangelium gehört hatte, und zentralen Werten ihrer Kultur. Einmal hätte sie beinahe einen hohen Preis dafür bezahlt:

An einem Sonntagabend kehrte Maryam vom Dorf ihrer Mutter in die Stadt zurück. Sie stieg in ein Taxi. Drinnen saßen neben dem Fahrer bereits drei weitere Männer. Nach kurzer Zeit wollten sie Maryam zu einer Tasse Tee zu sich nach Hause einladen und fingen an, kokett zu werden. Als junge Frau fühlte sie sich alles andere als wohl in ihrer Haut und versuchte das Ganze herunterzuspielen.

Unterwegs hielten die Männer dann für eine Runde Wodka an. Betrunken wurden sie noch aufdringlicher. In diesem Augenblick fuhr Maryams Onkel auf der anderen Straßenseite vorbei. Er hätte sie aus der prekären Situation retten können. Doch statt auf die Straße hinauszurennen, ihren Onkel anzuhalten und ihn um Hilfe zu bitten, duckte sich Maryam hinterm Autofenster weg. Auf keinen Fall wollte sie, dass ihr Onkel sie in so einer peinlichen Situation sah. In diesem Moment ging es Maryam vor allem um eines: Schande zu vermeiden und die Ehre ihrer Familie aufrechtzuerhalten.

Glücklicherweise ging diese Geschichte gut aus, Maryam konnte entkommen. Doch es war knapp.

Ein paar Jahre später starb Maryams Bruder. Sie und ihre Angehörigen trauerten sehr. Als ältester Sohn hatte er eine Schlüsselrolle in der Familie inne, was für ein Verlust!

Wenige Wochen nach dem Tod des Bruders träumte Maryam das erste Mal von ihm. Es waren keine guten Träume. Maryam erzählte Freunden und ihrer Familie, dass sie im Schlaf von Geistern gequält werde, die wie ihr Bruder aussahen. Man riet ihr, sie müsse Erde vom Grab ihres Bruders essen, um die Geister zu besänftigen. Maryam suchte ein wirksames Mittel, das ihr Macht über die geistliche Welt und über ihre Träume gab. Wie sollte sie von ihren Qualen befreit werden und wieder ruhig schlafen? Gab es in der Bibel keine Antworten auf ihr Problem?

An Maryams Beispiel sehen wir, dass sie Gottes Erlösung nicht nur in Bezug auf ihre Schuld nötig hatte. Sie benötigte zudem die

Befreiung von Scham und Angst – zwei wesentliche Elemente ihrer Kultur. Wenn wir Menschen wie Maryam, sprich: Menschen aus vielen Kulturen dieser Welt das Evangelium erklären, ist ein erweiterter, dreidimensionaler Ansatz erforderlich, der über die Botschaft der Vergebung unserer Schuld durch Jesus Christus hinausgeht. Wir müssen lernen, mit anderen Augen zu sehen.

Die Bibel enthält alle erforderlichen Elemente dafür. Das Evangelium ist dreidimensional, es bezieht sich sowohl auf Gottes Vergebung als auch auf seine Ehre und Macht!

DREI ARTEN VON KULTUREN

Missionswissenschaftler beobachten in den vielen Kulturen weltweit drei typische Arten, wie wir Menschen mit Sünde umgehen. Eugene Nida sagte: „Wir müssen davon ausgehen, dass es drei verschiedene Arten von Reaktionen auf Verletzungen von religiös verankerten Normen gibt: Angst, Scham und Schuld.“[1] Diese drei moralischen Gefühle, die das Handeln von uns Menschen bestimmen, bilden die Grundlage für drei Kulturtypen in der Missiologie:

1. *Schuld-Unschuld-Kulturen.* Darunter versteht man individualistische Kulturen (meist westlich), in denen Menschen als schuldig betrachtet werden, wenn sie das Gesetz brechen. Angehörige einer solchen Kultur versuchen, Unrecht durch Wiedergutmachung oder Vergebung zu begleichen.
2. *Scham-Ehre-Kulturen* sind kollektivistisch geprägt und meist eher in den östlichen Ländern anzutreffen. Wer gegen die Erwartungen seiner Gruppe (Familie, Firma, Volk) handelt, bringt damit Scham oder Schande auf sich. Um dieses

Problem zu lösen, versucht er, seine Ehre vor der Gruppe wiederherzustellen.

3. *Angst-Macht-Kulturen* finden wir in vielen Naturvölkern und indigenen Stämmen. Die Menschen haben Angst vor dem Bösen, vor Geistern, Naturphänomenen und Unheil aller Art. Sie versuchen, durch magische Rituale Macht über die Geisterwelt zu gewinnen und sie zu ihren Gunsten zu beeinflussen.

Diese drei Kulturtypen bestimmen, wie wir Menschen unsere Welt sehen. Im Englischen hat sich dafür der Begriff *Groupality* etabliert. Genauso wie jedes Individuum eine Persönlichkeit (engl. *person*-ality) hat, so besitzen auch ganze Kulturen eine Gruppenpersönlichkeit („*group*-ality"), die sich auf die „organisierten Verhaltensmuster einer Gruppe" auswirkt.[2]

Die kulturelle Orientierung einer Person (ihre Gruppenprägung) bestimmt ihr Weltbild, ihre Ethik, Identität und ihre Vorstellung von der Erlösung weitaus mehr als die individuelle Persönlichkeit des Einzelnen. Deshalb ist es so wichtig, dass wir als Christen diese drei Arten Kulturen verstehen lernen. Dann können wir den Menschen das Evangelium dreidimensional vermitteln – in seiner vollen Breite, Höhe und Tiefe. Denn die Botschaft von Jesus gilt allen Völkern weltweit; die Bibel geht einfühlsam auf die Bedürfnisse aller drei Kulturtypen ein.

Der Epheserbrief ist ein schönes Beispiel dafür. Er zeigt auf, wie wir Menschen durch Gottes Gnade von Scham, Angst und nicht zuletzt auch von unserer Schuld geheilt werden können.

ENTDECKUNGSREISE IM EPHESERBRIEF

Paulus erklärt in seinem Brief an die Epheser den „unausforschlichen Reichtum“ von Jesus (3,8), in dem das Heil für alle Menschen aller Kulturen weltweit zu finden ist. Kein Wunder, dass sein Brief an die Epheser alle drei Bausteine der Erlösung *(hervorgehoben durch den Verfasser)* enthält.

1. ***Schuld – Unschuld:*** „In ihm haben wir die Erlösung durch sein Blut, die *Vergebung der Übertretungen* nach dem Reichtum seiner Gnade“ (1,7). Gott hat „auch uns, die wir tot waren, durch die Übertretungen, mit dem Christus lebendig gemacht – aus Gnade seid ihr errettet!“ (Eph 2,5; beide Verse nach Schlatter 2000).
2. ***Scham – Ehre:*** „Er hat uns dazu vorherbestimmt, *seine Kinder zu sein* durch Jesus Christus nach dem Wohlgefallen seines Willens“ (1,5). „So seid ihr nun nicht mehr *Gäste* und *Fremdlinge*, sondern *Mitbürger* der Heiligen und Gottes *Hausgenossen*“ (2,19, vgl. 2,12–13).
3. ***Angst – Macht:*** „... wie überschwänglich groß seine *Kraft* an uns ist, die wir glauben durch die Wirkung seiner *mächtigen Stärke.* Mit ihr hat er an Christus *gewirkt*, als er ihn von den Toten *auferweckt* hat und eingesetzt zu seiner Rechten im Himmel über alle Reiche, Gewalt, Macht, Herrschaft und jeden Namen ...“ (1,19–21). „Seid *stark* in dem Herrn und in der *Macht* seiner *Stärke.* Zieht an die *Waffenrüstung* Gottes, damit ihr *bestehen* könnt gegen *die listigen Anschläge des Teufels*“ (6,10–11).

Diese drei zentralen Aspekte der Erlösung finden wir auch im Gebet von Paulus für die Christen in Ephesus:

„Und er gebe euch erleuchtete Augen des Herzens, damit ihr erkennt, zu welcher *Hoffnung* ihr von ihm berufen seid, wie reich die *Herrlichkeit seines Erbes* für die Heiligen ist und wie überschwänglich groß seine *Kraft* an uns ist, die wir glauben durch die Wirkung seiner mächtigen *Stärke*" (1,18–19).

Das Evangelium bleibt immer ein einheitliches Ganzes, aber es hilft uns, unsere eigene Erlösung genauer zu verstehen, wenn wir die einzelnen Aspekte einmal jeden für sich betrachten. Wer einen Blick durch die 3D-Brille der unterschiedlichen Kulturen auf den Epheserbrief wirft, staunt über den Reichtum der Gnade, die Jesus über uns ausgeschüttet hat (1,7–8).[3]

DAS EVANGELIUM IM VOLLEN GLANZ

Das Evangelium ist wie ein Diamant, strahlend und rein, der funkelt, weil seine Oberfläche zu vielen Facetten geschliffen ist. Gott will, dass Menschen aus allen Kulturen der Welt umfassend erlöst werden. Obwohl seine Erlösung verschiedene Aspekte umfasst, haben wir im Westen den Aspekt „Vergebung der Sünden" stark betont und andere Facetten der guten Botschaft dabei vernachlässigt.

Stellen Sie sich einen Diamanten mit nur einer Facette vor! Er wäre flach und stumpf. Genauso wirkt ein einseitig erzähltes Evangelium. Es erschwert das persönliche geistliche Leben, die Theologie, Beziehungen und den Dienst in Gemeinde und Mission. Wir wollen doch nicht Gott unbeabsichtigt einengen, indem wir seine Erlösung auf nur einen Bereich reduzieren!

Logischerweise betonen wir Christen im Westen den Aspekt der Erlösung von Schuld, weil der in unserer Kultur am meisten einleuchtet. Zwei der bedeutendsten Personen der europäischen Kirchengeschichte, Augustinus von Hippo (354–430) und

Martin Luther (1483–1546), quälte die innere Überzeugung, dass Gottes Zorn gegen sie entbrannt war, weil sie Gottes Gebote nicht einhalten konnten. Daher befassten sie sich in ihren Schriften mit der Frage, wie Gott Sündern die Schuld vergibt und sie freispricht. Während die europäische Theologie also sehr viel von Schuld und Unschuld spricht, sehnen sich die Menschen vieler anderer Kulturen rund um die Welt eher nach Ehre, um Schande abzuwenden, und nach Macht, um ihre Angst zu überwinden.

Obwohl die beiden Gegensatzpaare Scham – Ehre und Angst – Macht in vielen Kulturen von großer Bedeutung für den täglichen Umgang miteinander sind, geht die christliche Theologie auffällig wenig darauf ein. Die Bibel hingegen schon!

Maryam, die junge Frau aus dem Nahen Osten, hatte nur eine Dimension ihrer Erlösung verstanden, weil es ihr von westlichen Christen so vermittelt worden war. Als es im Alltag plötzlich darum ging, ihre Ehre zu wahren oder Macht über die Geisterwelt zu erlangen, hat sie daher reagiert, wie es in ihrer Kultur üblich war. Sie konnte nicht anders, weil sie die Antworten des Evangeliums auf diese zentralen Fragen noch nicht kannte. Doch damit hatte sie Gottes Gnade nicht voll in Anspruch genommen. Und sie geriet deswegen in ernsthafte Gefahr für Leib und Seele.

Es ist wichtig, dass wir weiterdenken: Wie sehen die Antworten des Evangeliums auf Schande, Angst und Schuld aus? Wie erstrahlt unser Edelstein Evangelium in seinem vollen Glanz?

Interessant ist, dass das kulturelle Umfeld der Bibel ja eigentlich auf Scham und Angst basiert. Die Bibel ist im Orient entstanden, in der dortigen Kultur. Deshalb sind Begriffe wie Ehre und Macht Grundzüge der Geschichte von Gott und der Welt. In der biblischen Heilsgeschichte finden wir eine theologische und missiologische Basis für alle drei Arten von Kulturen, nicht nur für unsere.

Die Kirche heute ist dazu aufgerufen, die Botschaft der Bibel umfassend in den verschiedenen Kulturkontexten darzustellen. Deshalb beleuchten wir nun gemeinsam die drei Richtungen; kulturell, theologisch und missiologisch. Damit wir in unserem Dienst als Christen in der Welt mehr Frucht bringen können.

2

KULTUR

GLEICHGEWICHT HALTEN

Obwohl die Kulturen von den drei verschiedenen Aspekten Schuld, Scham und Angst geprägt sind, kann man eine bestimmte Kultur nicht auf eine dieser drei Perspektiven reduzieren. Alle drei Bereiche spielen dynamisch zusammen und überschneiden sich in allen Gesellschaften.

In dem Beispiel von Maryam haben wir gesehen, wie Scham- und Angstdynamiken miteinander verflochten sind. Selbst innerhalb einer Kultur gibt es Schwankungen, je nach Region, Alter, Geschlecht usw. Ein Thailänder vom Land wird wohl viel mehr angstorientiert denken als ein Städter aus Bangkok. Junge Erwachsene in den USA legen heute mehr Wert auf Echtheit und Beziehungen, so dass sie schamorienterter werden als ihre Eltern. Die Natur des Menschen ist so komplex, dass man sie nicht in Kategorien von „entweder oder" fassen kann.

Besser ist es, wir verwenden ein Kulturmodell, das den Einfluss misst, den jeder der drei Dynamikbereiche auf die jeweilige Gruppe ausübt. Auf der Abbildung auf der folgenden Seite ziehen die Kräfte Schuld, Scham und Angst in verschiedene Richtungen. Die Orientierung einer Kulturgruppe wird durch die Position innerhalb des Dreiecks dargestellt, je nachdem, wie stark die jeweiligen Kräfte auf die Kultur einwirken:

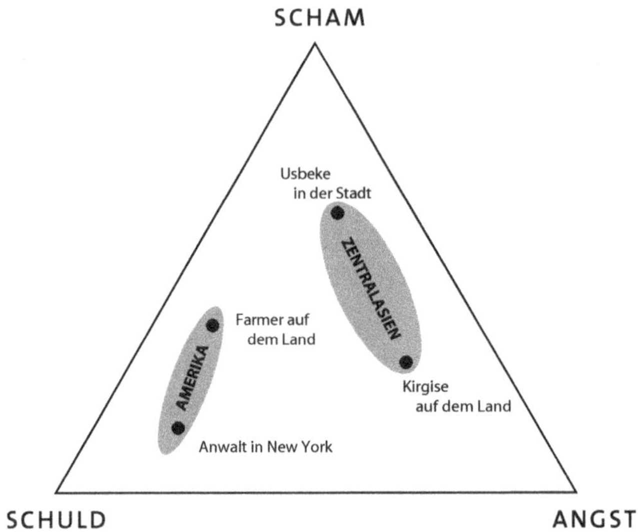

(Nur zur Illustration, basiert nicht auf Forschungsergebnissen)

In jedem kulturellen Weltbild finden wir eine einzigartige Mischung aus Schuld, Scham und Angst. Daher ist *nahe* des oberen Winkels (nicht *im Winkel*) eine schamorientierte Kultur platziert. Roland Muller, der viele Bücher über Mission herausgegeben hat, sagt, dass diese drei Dynamiken wie die drei Grundfarben sind, aus denen ein Künstler alle möglichen Farben mischen kann. Wieviel von einer Farbe zum Einsatz kommt, bestimmt letztlich als Endergebnis die Kultur, die daraus hervorgeht.[4]

Die Dreiteilung Schuld – Scham – Angst dient wie jedes andere Kulturmodell der Vereinfachung, um eine sehr komplexe Realität verstehen zu können und das Ganze überschaubarer zu machen. Obwohl jede Kultur einzigartig ist, finden wir in allen Kulturen Grundzüge, mit denen wir sie in diese drei Kulturtypen (Scham-, Angst-, Schuld-Kultur) einteilen können. Die folgenden Abschnitte geben Ihnen eine Zusammenfassung über die Eigenarten dieser drei Kulturtypen:

KULTURTYP SCHULD – UNSCHULD

„Charakter ist, das Richtige zu tun,
selbst wenn niemand hinsieht."
(Quelle unbekannt)

Die Einteilung in Richtig und Falsch bildet die Grundlage von Schuld-Unschuld-Kulturen. Die Gesellschaft etabliert Regeln und Gesetze, die bestimmen, welches Verhalten akzeptabel ist, was richtig und was falsch ist. Ein reifer Mensch kennt Recht und Unrecht – er ist ein „gesetzestreuer Bürger".

Durch rechtes Verhalten bleibt man unschuldig, durch unrechtes Verhalten lädt man Schuld auf sich. Regierungen, Firmen, Schulen und Familien stellen Regeln auf, die das Verhalten in der Gruppe lenken, und man erwartet, dass alle diesen Regeln Folge leisten. Niemand steht über dem Gesetz. Man erwartet, dass Justitia, die Göttin der Gerechtigkeit, mit ihren verbundenen Augen stets unparteiisch ihr Urteil spricht.

In schuldorientierten Kulturen werden nicht nur die Regeln und Gesetze an sich betont. Durch Sozialisation, die Anpassung an gesellschaftliche Denk- und Gefühlsmuster, werden die Verhaltensnormen verinnerlicht. Moralisches Verantwortungsbewusstsein und Handeln kommt aus dem Inneren des Menschen heraus. Eine solche Gesellschaft erwartet, dass das Gewissen dem Menschen hilft, „das Richtige" zu tun.

Eine meiner frühen Kindheitserinnerungen ist, wie ich ein Hot-Wheels-Feuerwehrauto aus dem Kindergarten gestohlen habe. Ich hatte so ein schlechtes Gewissen! Obwohl niemand es mitbekommen hatte, habe ich das Spielzeugauto am nächsten Tag wieder zurückgebracht. Schuld braucht keine Zuschauer.

Das Ergebnis ist ein individualistisches System. In westlichen Kulturen sagen die Eltern ihren Kindern: „Denk selber nach!" Oder: „Bleib dir selbst treu!" „Geh deinen eigenen Weg!" Sich dem gesellschaftlichen Druck zu beugen und einzufügen, gilt als weniger wichtig. Die Menschen sind selbstständig. Da jeder über einen eigenen inneren Kompass verfügt, definiert der einzelne Mensch individuell, welches Verhalten in Ordnung ist. Die Gesellschaft erwartet, dass die Menschen aus sich selbst heraus richtig handeln lernen.

Wenn man jedoch etwas falsch gemacht hat (den Regeln und Gesetzen nicht entsprochen hat), setzt ein starkes Gerechtigkeitsdenken ein. Man muss seinen Fehler unbedingt auf angemessene Weise wiedergutmachen.

Wir finden genügend Beispiele, wie sich die Überlegenheit des Gesetzes auch sprachlich in unserer Gesellschaft niedergeschlagen hat. Wenn ein Unrecht begangen wurde, suchen wir Recht oder fordern es ein. Wir wollen, dass für Gerechtigkeit gesorgt wird. Recht und Gerechtigkeit werden als allgemeingültige Prinzipien empfunden.

In Schuldkulturen stehen die Taten im Vordergrund. Ein Schuldiger kann für seine schlechte Tat mit einer entsprechenden guten Tat aufkommen, beispielsweise durch gemeinnützige Arbeit, eine Geld- oder Gefängnisstrafe. Eine Missetat wird durch eine Aktion ausgeglichen. Um die Schuld zu begleichen, muss eine Person in der Regel gestehen und/oder eine Entschädigung leisten. Wer für sein Fehlverhalten Verantwortung übernimmt, wird belohnt. So kann ein Politiker, der beschuldigt wird, seiner Frau untreu zu sein, diese Situation bereinigen, indem er sich öffentlich zu seinem Fehler bekennt.

Diese eng miteinander verwobenen Konzepte von innerem Gewissen, Schuldbekenntnis, Richtig und Falsch, Wiedergutmachung, Gerechtigkeit und Vergebung lenken das Sozialverhalten in Schuld-Unschuld-Kulturen.

Die Orientierung an Schuld und Vergebung bildet nicht nur den Rahmen für die Ethik einer solchen Kultur, sie beeinflusst auch deren Auffassungen über die menschliche Identität. Aufgrund der Betonung von Aktivität erhalten Individualisten ihren Wert durch das „Tun". Ihr Selbstwert basiert auf Arbeit und Hobbies, statt auf Familie und Volkszugehörigkeit. Die Menschen definieren sich darüber, wie ihr Verhalten und ihre Selbstäußerung sich von der Gruppe unterscheiden; nicht danach, welcher Gruppe sie angehören.

Die Entwicklung zu einer individualistischen, schuldorientierten Kultur im Westen begann bereits vor mehr als 2500 Jahren: Die Griechen und Römer in der Antike hielten anfangs noch sehr ihre Ehre hoch. *Filotimo*, ein „Freund der Ehre", zu sein, war als Tugend angesehen. Mit der Zeit jedoch plädierten die Philosophen dafür, dass man Ehre auch aufgrund des moralischen Verhaltens erlange, nicht nur durch Abstammung, Erfolg im Krieg, sportliche Leistung und Reichtum. Respekt gebührte dem, der das Richtige tat, nicht nur den Mächtigen und Einflussreichen.

In *Euthyphrons Dilemma* argumentiert der griechische Philosoph Sokrates (469–399 v. Chr.), dass selbst die Götter fromm sein sollten. Antike Philosophen würdigten persönliches moralisches Verhalten.

Später in der Renaissance und Aufklärung begriffen die Denker den Menschen als selbstständiges, rationales Individuum: „Ich denke, darum bin ich." Europäische Philosophie definiert damit das menschliche Wesen unabhängig von seinen Beziehungen oder von seiner Gemeinschaft. Daraus resultierend verwirft die westliche Zivilisation Gemeinschaftsdynamiken wie Ehre, Scham oder „das Gesicht wahren" zugunsten von Schuld, Unschuld, Gerechtigkeit und Vergebung.

KULTURTYP SCHAM – EHRE

„Ehre ist die gute Meinung von guten Leuten."
Seneca, römischer Philosoph

Nach dem schrecklichen Bombenattentat von Boston 2013 fanden die Medien den Onkel des Verdächtigen. Der tschetschenische Mann denunzierte seinen Neffen öffentlich im Fernsehen mit folgenden Worten: „Du hast Schande über unsere ganze Familie gebracht, über die Familie Tsarnaev. Und du hast Schande über das gesamte tschetschenische Volk gebracht… Jeder wird nun diese Schande auf unser ganzes Volk legen." Während die Amerikaner von Trauer über den tragischen Vorfall erfüllt waren, klagte der tschetschenische Onkel über die Schande, die der junge Mann seinem Volk bereitet habe.[5]

In Scham-Ehre-Gesellschaften herrscht eine starke Gruppenorientierung vor. Ehre ist die gesellschaftliche Würde einer Person, der Wert, den man vor den Augen der Gemeinschaft besitzt. Ehre ist, wenn andere positiv über dich denken. Das schafft dem Menschen harmonische soziale Bindungen innerhalb der Gemeinschaft. Der Weg der Ehre geht über Beziehungen.

Scham dagegen erfährt man durch die negative Bewertung in der Öffentlichkeit, wenn die Gemeinschaft schlecht über einen denkt. Man ist von der Gruppe getrennt. Das macht ein thailändisches Wort deutlich. Wird jemand beschämt, sagt man in Thailand, ihm wird „das Gesicht ausgerissen". Dann steht man hässlich vor den anderen da. Oder um es mit der Klage eines Israeliten aus der Bibel zu sagen:

„Du machst uns zur *Schmach* bei unsern Nachbarn, zu *Spott* und *Hohn* bei denen, die um uns her sind. Täglich ist meine *Schmach* mir vor Augen, und mein Antlitz ist voller *Scham*…" (Ps 44,14+16).

Ehre und Scham funktionieren wie eine soziale Bonitätseinstufung. Das Ansehen einer Person wird bemessen. Weil Ehre und Scham auf Beziehung angelegt sind, orientieren sich solche Kulturen stark an der Gemeinschaft. Man erwartet von Mitgliedern in Scham-Ehre-Kulturen, dass sie den sozialen Status der Gruppe aufrechterhalten, was oft zu Lasten der eigenen Wünsche geht.

Wenn eine junge Person in den falschen Familienclan hineinheiratet, wird der Vater von den Dorfbewohnern dazu gedrängt, im Interesse der Familienehre zu handeln, manchmal mit schrecklichen Folgen. Scham und Ehre sind ansteckend. Was eine Person tut, wirkt sich auf die gesamte Gruppe aus.

Als Brasilien im Halbfinale der Fußball-Weltmeisterschaft 2014 mit 1:7 gegen Deutschland verloren hatte, posteten Fans in den sozialen Netzwerken: „Unsere Nation leidet. Wir müssen für den Rest unseres Lebens Menschen gegenübertreten, die sich über uns lustig machen."[6]

Die Bibel kennt diese Art Denken. Gottes Volk hat dem Namen Gottes manchmal Schande bereitet (vgl. Mal 1,6; Röm 2,24), heißt es da. In Scham-Ehre-Kulturen lernen die Kinder schon früh, dass sie Repräsentanten ihrer Gruppe sind, deren Ehre sie hochhalten sollen. Jeder hat das Ziel, zu verhindern, dass die eigene Gruppe in Schande gerät – sei es die Familie, das Dorf oder die ganze Nation.

Im sozialen Gefüge von Scham-Ehre-Kulturen baut man ein Netzwerk von Beziehungen auf und erweitert es ständig. Beziehungen sind das Herz aller Aspekte des Lebens. Wen du kennst und wer dich kennt, bedeutet alles!

In gruppenorientierten Kulturen ist Harmonie in Beziehungen sehr wichtig. Man hält zwischenmenschliche Bande aufrecht und vermeidet, dass andere in ihrer Ehre gekränkt werden. Beziehungen bleiben erhalten, wenn das Gesicht und der Frieden gewahrt werden.

In den Beziehungen ist entscheidend, dass man einander verpflichtet ist. Auf diese Weise bleibt das Gleichgewicht erhalten. Gastfreundschaft und Geschenke werden immer entsprechend erwidert, sonst gerät man in soziale Schuld und muss sich vor der Gruppe schämen. Die Familien- und Leitungsstrukturen sind eher autoritär. Man verleiht Führern Einfluss und Prestige dafür, dass sie Versorgung und Schutz anbieten.

In einer Scham-Ehre-Kultur hat jeder seine feste Rolle, die meist auf Alter, Geschlecht und Position der jeweiligen Person basiert. Man bewahrt die Ehre, wenn man sich gemäß der eigenen Rolle verhält. Schon Kinder lernen, wie man sich ehrenhaft in den Verflechtungen von Beziehungen und äußeren Umständen aufführt.

Der Journalist Wesley Yang ist der Auffassung, dass der asiatische „Erziehungsstil ausdrücklich beabsichtigt, das Individuum zugunsten der Bedürfnisse der großen Allgemeinheit zu demütigen. Dieser Erziehungsstil möchte ein ‚interdependentes Selbst' schaffen. Es bestimmt sich selbst nicht anhand der eigenen Bedürfnisse, sondern ist sensibel gegenüber den gesellschaftlichen Rollen, die es zu füllen hat. Es bestimmt sich nach dem Rahmen, in dem es sich findet."[7]

Die Moral wird durch den Druck von außen aufrechterhalten. Bei Entscheidungen fragen sich die Menschen: „Was ist ehrwürdig?", „Was werden die anderen denken?" oder „Was bedeutet das für den Ruf unserer Familie?" Da jeder verschiedene soziale Rollen innehat, ist korrektes Verhalten situationsbedingt und basiert nicht auf klar definierbaren Regeln. Scham-Ehre-Kulturen haben auch einen ethischen Standard für das, was moralisch richtig und was falsch ist. Doch es wird gemäß der Beziehungen definiert, nicht juristisch oder abstrakt. Was als das Beste für die Beziehung gilt, das *ist* moralisch richtig.

Während gewisse Taten wie Steuerhinterziehung, wenn sie ans Licht gekommen ist, oder das Stolpern auf der Bühne Scham auslösen, rührt die größte Schande meist daher, dass man ein gewisser Typ Mensch ist. Status wird in kollektivistischen Gesellschaften oft vererbt. Wer du bist, sei es ehrwürdig oder unwürdig, basiert auf deiner Geburt, deiner Volkszugehörigkeit, Bedeutung, Herkunft oder deinem Geschlecht. Es geht viel darum, wer du bist, weniger um das, was du tust. In asiatischen Kulturen stellt man sich deshalb mit dem Familiennamen zuerst vor.

Beim Lesen der Evangelien entdecken wir, wie Jesus den Menschen Würde und Ehre verlieh, oft gerade auch solchen, die in Schande lebten, ohne etwas dafür oder daran ändern zu können. Blinde, Taube, Lahme, Aussätzige, Frauen mit Blutfluss, von Dämonen Besessene und Heiden waren allesamt als unrein abgestempelt und aus der Gesellschaft ausgestoßen. Jesus hat sie auf physischer und sozialer Ebene wiederhergestellt. Er stellte ihre Ehre wieder her. Das ist ein wesentlicher Aspekt des Evangeliums.

Scham führt dazu, dass man sich gedemütigt, abgelehnt und verlassen fühlt. Scham bedeutet, dass man als gesamte Person nicht genügt. Während die Schuld sagt, „ich habe einen Fehler *gemacht*", sagt die Scham: „Ich *bin* ein Fehler". Da das Problem die Person an sich ist, wird das Individuum aus der Gruppe ausgeschlossen. Um dieser Ablehnung und Isolation zu entgehen, verbergen Menschen ihre Scham vor anderen. Die Tabelle unten vergleicht, wie schuld- und schamorientierte Kulturen das Verhalten formen.

	Schuldorientiert	*Schamorientiert*
Norm definiert durch	Regeln und Gesetze	Beziehungen & Rollen
Verhalten geleitet durch	Gewissen von innen	Gemeinschaft von außen
Ein Vergehen erzeugt	Schuld	Scham
Grundproblem	„Ich habe einen Fehler gemacht" (Tat)	„Ich bin ein Fehler" (Sein)
Vergehen betreffen	den Übertreter	die ganze Gruppe
Reaktion des Übertreters	Rechtfertigen oder sich entschuldigen	Verstecken oder zudecken
Resonanz der Öffentlichkeit	Strafe, damit dem Recht gedient wird	Ausschluss, damit die Scham beseitigt wird
Lösungsweg	Vergebung	Wiedereingliederung

Es ist notwendig, das Problem der Schande zu lösen, doch (anders als bei einer schuldigen Person) kann die beschämte Person kaum etwas dazu beitragen, ihre Beziehungen wiederherzustellen. Um Schande zu beseitigen, ist mehr als nur Vergebung erforderlich. Die Schande aufzulösen, erfordert so etwas wie die Erneuerung oder Umwandlung des Selbst, die eigene Identität muss sich verändern. Im Normalfall muss dafür jemand, der einen höheren Status besitzt, die Ehre der beschämten Person öffentlich wiederherstellen – wie es der Vater des verlorenen Sohnes getan hat (Lk 15).

In westlichen Kulturen übersehen wir häufig die Dynamik von Ehre und Schande. Ein Grund dafür ist die unterschiedliche Sprache. Wir im Westen benutzen andere Wörter, wenn wir von Ehre und Schande sprechen, zum Beispiel: Ruf, Status oder Würde. In vielen Kulturen redet man in Metaphern wie „Name" oder „Gesicht", wenn man von Scham und Ehre spricht, denn man erkennt ja die Menschen am Namen und Antlitz.

Es kann uns auch verwirren, wie verschiedenartig sich Ehre und Scham in unterschiedlichen Kulturen äußern. Im Nahen Osten beispielsweise kämpft man recht aggressiv um Ehre. Wer nicht gewinnt, gilt als Verlierer und andersherum. Das kann ins Extrem gehen, wenn Menschen Ehrenmorde und terroristische Anschläge begehen, um Schande von ihrer Familie oder Gruppe abzuwenden und ihre Ehre wiederzuerlangen.

In fernöstlichen Kulturen wie Japan und Korea dagegen ist Harmonie die höchste Tugend. In Konflikten gewinnen oder verlieren immer alle miteinander. Darum reagiert man auf Scham mit Rückzug, bis hin zum Selbstmord. Obwohl die Äußerungen verschieden sind, eint beide Kulturblöcke die Bedeutung von Scham und Ehre in ihrer Gesellschaft.[8]

KULTURTYP ANGST – MACHT

In angstorientierten Kulturen ist es nicht wichtig, ob man von gewissen Wahrheiten überzeugt ist oder nach welchen moralischen Standards man lebt. Ihnen geht es vielmehr darum, welche Praktiken man anwenden muss, um geistliche Mächte zu besänftigen.

Es gilt, die richtigen, oft sehr willkürlichen Methoden zu nutzen, um unsichtbare Kräfte zu bewegen. Die Menschen in solchen Kulturen fragen sich: Was kann ich tun, damit die Geister oder Ahnen, Dämonen oder sonstige Mächte zu meinen Gunsten wirken? Sie fürchten sich vor der Geisterwelt. Ihre größte Angst ist, sich den Geistern gegenüber falsch zu verhalten. Angst-Macht-Kulturen haben oft religiöse Führer, von denen die Menschen annehmen, dass sie den Gang der Dinge durch rituelle Praktiken beeinflussen können.

Die Dynamik von Angst und Macht herrscht im Schamanentum vieler Naturvölker und bei Voodoo-Priestern in der Karibik vor. Jedoch genauso bei einem brasilianischen Geschäftsmann, der zu einem katholischen Heiligen betet, oder dem Politiker in Washington, der einen Astrologen zurate zieht.[9] Hinter der Fassade vieler formaler Religionen steckt nämlich ein gutes Stück Animismus (Naturglaube)[10], sie tragen oft Elemente der funktionalen Religion von Angst-Macht-Kulturen in sich.

Im Animismus glaubt man, dass Geistwesen die sichtbaren Dinge (Bäume, Wetter, Menschen, Krankheiten usw.) bewohnen. Diese könne man durch magische Rituale für sich dienstbar machen. Diese sogenannten Volks- oder Stammesreligionen sind in der Regel von drei Dimensionen der Wirklichkeit geprägt. Sie glauben an:

1. Die sichtbare Welt (Menschen, Häuser, materielle Objekte)
2. Den unsichtbaren Bereich der diesseitigen Welt (Engel, Geistwesen, Segenskräfte wie *Mana* und *Baraka*, Flüche und die Ahnen)
3. Das unsichtbare Jenseits (Gott, Himmel, Hölle)

Da unsichtbare geistliche Kräfte das tägliche Leben der Menschen durchdringen, suchen Angehörige von Angst-Macht-Kulturen die Ursachen für Missernten, Krankheiten, Unfälle, Kriege, ja selbst fürs Geschlecht eines Kindes in der mittleren Dimension: der unsichtbaren, diesseitigen Welt.

1982 verfasste der Missionswissenschaftler Paul Hiebert den Artikel „The Flaw of the Excluded Middle“ (Der Makel der ausgeschlossenen Mitte). Er erklärte, wie das westliche Weltbild vom wissenschaftlichen Rationalismus geprägt die gesamte mittlere Ebene – die der geistlichen Kräfte – im alltäglichen Leben ausschließt.[11] Der Modernismus tut das Angst-Macht-Weltbild als unwissenschaftlichen Aberglauben ab und übersieht dabei die wirkliche Existenz von Geistwesen in der Welt. Die Bibel hingegen kennt geistliche Mächte. Jesus ging in seinem Alltag ganz offen mit diesen Mächten um …

Menschen in Angst-Macht-Kulturen leben in ständiger Angst vor unsichtbaren Kräften. Sie fürchten, dass sie durch einen Fehltritt, welcher Art auch immer, die Tür der geistlichen Welt öffnen und Unheil heraufbeschwören könnten: etwa einen Unfall, schlechte Träume oder Besessenheit. Sie wissen nie, was die unberechenbaren Geistwesen ihnen als nächstes wieder antun. Diese Ungewissheit quält sie.

Um Kontrolle über die Unwägbarkeiten des Lebens zu erlangen und sich vor bösen Mächten zu schützen, nutzen Menschen dieser Kulturen magische Rituale. Durch mehr oder weniger geheime Praktiken versuchen sie, Macht über die Geisterwelt zu erlangen, Unheil abzuwenden und Segen zu erfahren. Die Menschen wollen Frieden mit den Mächten, die ihre Welt mitbewohnen. Sie denken, dass es fatale Folgen haben könnte, wenn sie in Unfrieden mit Geistwesen geraten.

Macht erhoffen sie sich gewöhnlich durch den Gebrauch von Amuletten, Flüchen, Talismanen, Fetischen, Beschwörungs- und Zauberformeln, Hexerei, Horoskopen und dem bösen Blick. Das moralische Denkmuster in Angst-Macht-Kulturen lautet: Tu etwas in der sichtbaren Welt, um die unsichtbare Welt dahinter zufriedenzustellen – und die Geisterwesen dahingehend zu beeinflussen, dass sie dir helfen. Wie zeigt sich das?

Wird ein Kind geboren, malen Eltern ihrem Säugling ein Bild auf die Stirn, um böse Geister von ihm fernzuhalten. Jemand verbrennt das Porträt eines Feindes, um Rache zu bekommen. Ein Ehepaar kriecht auf Knien einen heiligen Berg hoch, weil sie sich Fruchtbarkeit davon erhoffen. Dorfälteste opfern den schönsten

Stier, um die Gefahr der Ansteckung mit einer tödlichen Krankheit, die im Dorf grassiert, zu eliminieren. Immer erhoffen sie sich, die Götter dabei zu besänftigen. Eine Familie opfert ihren Ahnen Nahrung auf dem Familienaltar, um den eigenen Wohlstand zu sichern.

Es kann auch geschehen, dass jemand sich absichtlich mit dunklen Wesen einlässt, weil er/sie sich übernatürliche Kräfte aneignen möchte. Durch die freiwillige Ehrerbietung gegenüber Geistwesen verspricht sich eine Person Schutz, geistliche Vorrechte, die Liebe eines Menschen und vielleicht auch eine höhere Position in der Gemeinschaft, beispielsweise als Schamane.[12]

JEDE KULTURGRUPPE BELOHNT ANDERS

Welcher Kulturkategorie ein Mensch angehört (ob Schuld-, Scham- oder Angstkultur), beeinflusst auch sein sozial-ökonomisches Umfeld. Denn die Systeme, in denen die Ressourcen einer Gesellschaft untereinander verteilt werden, unterscheiden sich teilweise drastisch. Der Kulturtyp beeinflusst, wie eine Gruppe ihre Mitglieder belohnt (Unschuld, Ehre, Macht) oder bestraft (Schuld, Scham, Angst).

Jeder Mensch braucht Zugang zu Ressourcen für die Befriedigung seiner Grundbedürfnisse: zu Nahrung, Sicherheit, Information, Gesundheit, Arbeit usw. Im Wesentlichen wachen drei Torhüter über diesen Lebensressourcen, und zwar (1.) Institutionen (2.) menschliche Gemeinschaften und (3.) unsichtbare Geistwesen. Wer nicht als völliger Einsiedler leben möchte, muss gute Beziehungen zu mindestens einem dieser Torhüter pflegen. In jedem Kultursystem gibt es klare Gepflogenheiten, denen ein Mensch folgen muss, damit er an die lebensnotwendigen Ressourcen herankommt.

Betrachten wir dazu einfach einmal, wie man in jedem der verschiedenen Kultursysteme nach dem Weg fragt (sprich, an die manchmal lebensnotwendige Information herankommt, ein Ziel zu finden):

Jemand aus dem Westen würde wahrscheinlich einfach sein Smartphone zur Hand nehmen und in der Karte darauf nachschauen. Dabei verlässt er sich auf Institutionen und Organisationen. Die wiederum müssen rechtliche Vorschriften einhalten. In unserem Fall ist die Organisation das US-Militär, das für die GPS-Ortung zuständig ist, sowie Konzerne wie *Apple* oder *Google* für die Wegbeschreibung. Um diese Dienste in Anspruch nehmen zu können, müssen wir ihren rechtlich verankerten Nutzungsbedingungen zustimmen. Wenn jemand die Bedingungen nicht einhält, wird sein Zugang zu den Diensten blockiert. Er hat es schwerer, den Weg zu finden ...

In der westlichen Marktwirtschaft sucht man sich einen Arbeitsplatz in einem Betrieb für die materielle Versorgung. Man muss die Regeln des Arbeitgebers einhalten, will man seinen Arbeitsplatz behalten.

In stärker auf Gemeinschaft ausgerichteten Gesellschaften besitzen Menschen die Information, nicht die Institutionen. Als ich in Zentralasien lebte, musste ich viele Leute fragen, um zu erfahren, wie ich an ein Ziel gelangen konnte. Zu Beginn meines Wegs bekam ich von meinem Nachbarn die Auskunft über die grobe Richtung: „Das ist bei der grünen Fabrik, drüben auf der anderen Seite des Flusses." Als ich den Fluss überquert hatte und vor der grünen Fabrik stand, musste ich mir erneut jemanden suchen, den ich fragen konnte. Ein Arbeiter der Fabrik präzisierte meine Wegbeschreibung: „Fahr die Straße weiter bis zu einem Gemüseladen." Nach drei, vier solcher Stopps, verbunden mit Gesprächen, erreichte ich endlich mein eigentliches Ziel.

Beziehungen zu Menschen sind in vielen Kulturen lebensnotwendig, um an Informationen heranzukommen. Und ein guter Ruf (Ehre) sorgt dafür, dass man diese Beziehungen auch hat. Die Gemeinschaft hilft einem Menschen nicht, dem Schande anhaftet. Man will keinen Umgang mit ihm haben. Ohne die Gruppe kommt ein Mensch nur schwer an die nötigen Ressourcen und Informationen heran.

In animistischen Kulturen lassen sich die Menschen von unsichtbaren geistlichen Wirklichkeiten leiten. Der Suchende findet den *geistlich* besten Weg, indem er einen Wahrsager aufsucht, eine magische Formel aufsagt oder gefährliche Orte meidet. Man will nicht unbedingt schnell, sondern sicher ans Ziel gelangen. Jemand aus einer solchen Kultur muss also unbedingt auf eine gute Beziehung zur Geisterwelt achten, um im Leben zurechtzukommen.

Wer übt die Kontrolle darüber aus, was wir fürs Leben benötigen? Sind es formale Institutionen, zwischenmenschliche Gemeinschaften oder Geistmächte? In jeder sozioökonomischen Gruppe kommen die moralischen Gefühlswerte Schuld, Scham und Angst zur Geltung, um Ressourcen zwischen den Mitgliedern zu verteilen.

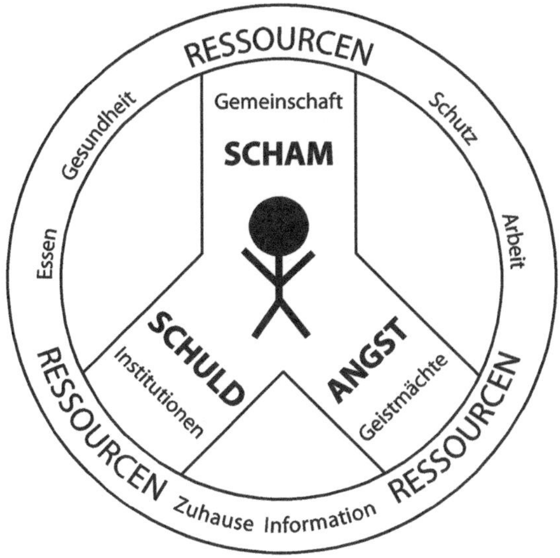

Die drei Beispiele, wie jemand den Weg findet, zeigen uns, wie ein Mensch in der jeweiligen Gesellschaft sein soll; entweder *unschuldig* vor den Institutionen (indem man Regeln und Gesetze befolgt, denn sonst wird man für *schuldig* befunden) oder *ehrwürdig* innerhalb der Gemeinschaft (indem man die Erwartungen der Gruppe erfüllt und sich seiner Rolle gemäß einfügt, denn sonst gerät man in Schande) oder *mächtig* im geistlichen Bereich (indem man entsprechende Rituale und Methoden anwendet, denn sonst ist man kraftlos und ungeschützt).

Im Kreisdiagramm oben sehen wir, wie der Mensch (im Zentrum) die notwendigen Ressourcen erhält (äußerer Kreis), und welche möglichen sozialen Hindernisse es gibt.

WIE MENSCHLICHE BEDÜRFNISSE BEFRIEDIGT WERDEN

Das ökonomische System einer Gesellschaft bestimmt, wie sich ein Mensch fühlt, der gegen deren Normen verstoßen hat; ob ein Übertreter in erster Linie Schuld, Scham oder Angst empfindet. Diese Empfindungen sind eine Realität. Sie verbergen sich hinter den meisten der Fragen unseres englischsprachigen Kulturtests (*The Culture Test*©).

Der Lösungsschlüssel auf der gegenüberliegenden Seite zeigt, wie jede Kulturart in verschiedenen Lebenssituationen die Grundbedürfnisse ihrer Angehörigen befriedigt. Die Tabelle veranschaulicht, wie die unterschwelligen Werte der Kulturen praktisch Gestalt gewinnen. (Falls Sie den Kulturtest noch nicht gemacht haben, können Sie unter www.TheCultureTest.com den kostenlosen fünfminütigen Test durchführen, bevor sie weiterlesen.)

	SCHULD	SCHAM	ANGST
Den Weg finden	Karte oder GPS benutzen	Jemanden fragen	Um Führung beten
Man lernt seinen Beruf durch	formale Bildung	Lehre und Beobachtung	Aufnahme geistlichen Wissens
Kranke werden geheilt durch	die Anordnung eines Arztes	ein traditionelles Naturheilmittel	rituelle Gebete und Opfer
Wer einen Angriff erleidet	verlangt Gerechtigkeit	sucht Rache oder zieht sich zurück	legt dem anderen einen Fluch auf
Ein Geburtsmal ist	harmlos	etwas Schändliches	ein Omen oder Zeichen
Vorstellung einer Person beinhaltet	vollständiger Name, ggf. Beruf	vollständiger Name mit Titel	alternative Namen, um Geburtsnamen zu verheimlichen
Wer ein Vergehen begeht, beeinträchtigt	sein inneres Gewissen	seinen Ruf in der Öffentlichkeit	sein Schicksal
Müll wird gemieden, weil	es unhygienisch ist und stinkt	er Menschen entehrt	dort Geistwesen weilen
Der Schlüssel für geschäftlichen Erfolg	einen soliden Businessplan aufstellen	die richtigen Beziehungen haben	ein religiöses Ritual ausüben
Der Besitz eines Toten wird	gemäß des Testaments verteilt	auf die Familie verteilt	mit dem Toten begraben
Menschen über 70 sind in der Gesellschaft	lästig	respektiert	mächtig
Das Konzept von „Familie" beinhaltet	Eltern, Ehepartner, Kinder	alle weiteren Familienbeziehungen	weitere Familienbeziehungen und verstorbene Ahnen
Eltern ermahnen ihre Kinder	ihren eigenen Interessen und Leidenschaften zu folgen	die Erwartungen der Gemeinschaft zu erfüllen	unsichtbare Kräfte zu besänftigen

Wahrheit kommt von	Wissenschaft und Fakten	Tradition und Einheit	Mystik und Pragmatismus
Bei einem Ausflug	nimmt man den kürzesten Weg	besucht man unterwegs die Familie	meidet man „dunkle“ Gebiete
Bei Unfruchtbarkeit	sucht man eine medizinische Lösung	sucht man sich eine neue Frau	geht man zu einer heiligen Person oder einem Schrein
Unangemessenes Verhalten führt zu	Strafe	Ausgrenzung	Schwäche
Hochzeiten beginnen	ungefähr nach Zeitplan	wenn die wichtigsten Leute da sind	zu einer Glück verheißenden Zeit
Leiter halten Beziehungen mit	ihren Untergebenen	einflussreichen Personen	geistlichen Mächten
Nahrung kommt von	einem Supermarkt	einem Bauernhof oder Markt	aus der freien Natur
Menschen verhalten sich nach	richtig und falsch	Rollen und Erwartungen	Methoden und Taktiken
Wer Geld hat	spart und investiert es	pflegt Beziehungen durch Hilfe anderer	schützt es vor Unheil
Wo ein Gast beim Essen sitzt	wird wahllos ausgesucht	weist auf Status und Alter hin	könnte die Zukunft beeinflussen
Heilige Schriften geben	Führung und Anweisung	Erbe und Identität	Schutz und Segen
Menschen erfahren Schutz durch	die Polizei	Freunde	magische Praktiken
Menschen sehnen sich nach	Gleichheit und Fairness	Status und Ansehen	Sicherheit und Frieden
Nach Vergehen fühlt man sich	reumütig	unterlegen	ängstlich

DIE WELT VERSTEHEN

Die Dreiteilung in Schuld-, Scham- und Angst-Kulturen hilft, unsere Welt mehr als ein großes Ganzes zu verstehen. Die folgende Tabelle zeigt das beispielhaft auf:

Kulturart	*Schuld – Unschuld*	*Scham – Ehre*	*Angst – Macht*
Gesellschaftliche Struktur	individualistisch	kollektivistisch	animistisch
Ort	Westen (Nordamerika, Europa)	Osten (Naher Osten, Afrika, Asien)	Süden (Stammeskulturen, Karibik)
Lewis-Modell (Richard D. Lewis)	linear-aktiv	re-aktiv	multi-aktiv
Religiöser Status	post-christlich	minimal christlich	christlich werdend
Missionsstatus *christlich 1910* *christlich 2010*	waren erreicht 95 % 81 %	unerreicht 2,7 % 8,5 %	jetzt erreicht 16 % 62 %
Bevölkerung (2010)	1,08 Milliarden	4,37 Milliarden	1,42 Milliarden
Christliche Theologie	augustinisch, protestantisch	im Aufbau begriffen	pfingstlerisch, charismatisch

Gewiss ist diese Tabelle stark verallgemeinert.[13] Zum Beispiel haben die Bereiche Ehre und Scham auch Einfluss auf die Kulturen Südeuropas und auf Stammeskulturen. Manche Details fallen hier also unter den Tisch. Wie wenn wir beim Malen den dicksten Pinsel benutzen, bekommen wir nur einen groben Abriss, die Nuancen fehlen. Das Gute daran jedoch ist: Durch die Unterteilung der 7,2 Milliarden Menschen in drei Kategorien gewinnen wir einen genialen Überblick über die politischen und religiösen Besonderheiten der heutigen Welt.

Für die Mission stellt sich die Frage, ob ein Zusammenhang zwischen dem Wachstum der christlichen Bevölkerung und der Theologie besteht. Im globalen Süden sind nämlich die christlichen Gemeinden wie Pilze aus dem Boden geschossen, während sich parallel die charismatische Theologie und Missiologie (Missionswissenschaft) entwickelte. Das wirft Fragen auf:

Ist diese charismatische Prägung die *Ursache* für das rasante Gemeindewachstum in Lateinamerika und Afrika? Oder ist sie das *Ergebnis* einer etablierten Kirche, die versucht, das Evangelium in ihr Angst-Macht-Umfeld hinein zu kontextualisieren (übertragen)? Die lateinamerikanische Theologie schaut vermutlich, welche Antworten die Frohe Botschaft für ihre besondere Lebensweise bietet. Letzteres wäre möglich, weil sie die Bibel mit anderen Augen liest.

Die meisten Völker, in denen der Name Jesus und die Bibel immer noch weitgehend unbekannt sind, gehören zu Ehre-Scham-Kulturen. Vielleicht hat sich die Kirche in manchen Regionen der Welt nur wenig ausgebreitet, weil dort keine kontextuelle Theologie für ein Ehre-Scham-Umfeld vorhanden war. Demzufolge wäre eine spezielle Theologie für Ehre-Scham-Kulturen missiologisch gesehen von strategischer Bedeutung. Was müssen wir als Christen und Kirchen tun, um dem Missionsbefehl heute effektiv nachzukommen?

3

THEOLOGIE

Das Modell von Schuld, Scham und Angst bietet uns Christen einen interessanten Rahmen für die Auslegung der Schrift und die Kontextualisierung der Theologie in die jeweilige Kultur. In diesem Abschnitt betrachten wir biblische Erzählung und die theologischen Kategorien aus den drei unterschiedlichen Perspektiven. Es hilft uns Christen, das Evangelium ganzheitlicher zu verstehen, wenn wir es aus unterschiedlichen Blickwinkeln betrachten. Dabei sollten wir nicht vergessen, dass die Bibel selbst eine ganzheitliche Erzählung ist, in der Vergebung, Ehre und Macht gleichermaßen miteinander verwoben sind. Betrachten wir also unseren Edelstein von verschiedenen Seiten:

DIE HEILSGESCHICHTE IM BLICK AUF SCHULD UND UNSCHULD

Gott ist vollkommen heilig und gerecht. In allem handelt er in absoluter Gerechtigkeit. Sünde hat in seiner Gegenwart keinen Platz. Dieser Gott hat die ganze Welt aus dem Nichts erschaffen.

Gott schuf Adam und Eva und ließ sie im Garten Eden leben. Er gab ihnen die Freiheit, von jedem Baum zu essen. Es gab nur eine klare Anweisung: Sie sollten die Früchte eines Baumes meiden; des Baums der Erkenntnis von Gut und Böse. Als Adam und Eva dennoch von diesem Baum aßen, mussten sie die Konsequenzen ihres Handelns tragen: nämlich den körperlichen und geistlichen Tod.

Sie wurden für ihre Übertretung hart bestraft. Aufgrund ihrer Handlung werden die Menschen bis heute im Zustand der Sünde geboren, weshalb sie sich von Natur aus gegen Gott und sein Gesetz auflehnen. Die Sünde trennt alle Menschen von dem heiligen Gott. Als Konsequenz ihrer Schuld wurden Adam und Eva aus dem Garten Eden vertrieben.

Gott gab Israel das Gesetz, an dem aus dem Blickwinkel von Schuld und Unschuld zwei Aspekte besondere Bedeutung gewinnen: Zunächst sollte es aufzeigen, dass der Mensch moralisch nicht genügt und errettet werden muss. Die Israeliten schafften es nicht, aus ihrer eigenen Kraft heraus Gottes Gebote zu befolgen. Ein Mensch erreicht durch eigenes Tun nie den Standard der Heiligkeit Gottes. In der Geschichte Israels wiederholte sich immer wieder, dass sie ungehorsam wurden und dafür bestraft werden mussten.

Doch das Gesetz Gottes enthält auch Bestimmungen für die Vergebung von Sünden. Gott gab den Menschen das Sühneopfer für ihre Übertretungen. Durch das Opfer von fehlerfreien Tieren erhielt Israel die Möglichkeit, Vergebung zu erlangen. Schon im Passa, beim Auszug Israels aus der Sklaverei in Ägypten, wird angedeutet, dass man durch Blutvergießen vor dem Zorn Gottes gerettet wird.

Jesus Christus, Gottes Sohn, ist das endgültige, unfehlbare Opfer für die Sünden der gesamten Menschheit. Er lebte ein Leben völlig ohne Sünde und Schuld. Weil er selbst sündlos war, konnte er unsere Sünde auf sich nehmen. Jesus war das vollkommene Opferlamm Gottes. Er wurde für unsere Übertretungen getötet und trug freiwillig die Konsequenzen für unsere Schuld. Durch den Tod von Jesus sind alle unsere Ungerechtigkeiten vergeben. Der Schuldbrief, der gegen uns stand, ist getilgt. Jesus ist nun auferstanden und in den Himmel aufgefahren.

Jetzt baut Gott seine Gemeinde mit allen Menschen, die ihre Sünden bekennen und an Jesus glauben. Um ein Nachfolger von Jesus zu werden, muss ein Mensch vor Gott die Wahrheit anerkennen, dass er ein Sünder ist. Der Heilige Geist ist es, der uns von Sünde überführt. Da Jesus uns mit Gott versöhnt hat, gelten alle eigenen Bemühungen zu moralischer Perfektion oder um ewiges Leben durch eigenes Tun zu erlangen, als völlig unnütz. Durch den Glauben haben wir Rettung erfahren, als ein Geschenk, allein aus Gottes Gnade. Unsere Rettung geschieht nicht aufgrund unserer Leistungen, sondern aus Glauben, weil wir Gott vertrauen.

Weil uns die Sünden vergeben worden sind, sollen wir auch anderen vergeben, die uns ein Unrecht zugefügt haben.

Wenn Jesus zurückkommt, wird er sein gerechtes Urteil über alle Menschen sprechen. Einfacher ausgedrückt: Die Bösen werden zur Hölle verdammt und die Gerechten werden in Ewigkeit mit Gott im Himmel zusammen sein.

DIE HEILSGESCHICHTE RUND UM SCHAM UND EHRE

Gott existiert voller Pracht und Herrlichkeit in alle Ewigkeit. Er ist der ehrwürdige König, ein Vater, der seine gesamte Familie versorgt. Er ist rein, treu und herrlich. Sein Wesen ist Ehre, und diese kommt nur von ihm allein.

Wie er die Welt erschuf und überall auf ihr Leben entstehen ließ, zeigt seine Herrlichkeit. Gott erweckte Adam und Eva aus Erde und krönte sie mit Ehre und Herrlichkeit. Sie besaßen als die ehrwürdigen Mitregenten Gottes die Macht, über die gesamte Schöpfung zu herrschen. Als Kinder Gottes lebten sie unter dem würdigen Namen des Allmächtigen. Adam und Eva erhielten ihre ehrenhafte Identität von Gott. Sie liefen nackt herum und schämten sich dennoch nicht, denn an ihnen war keine Schande.

Leider sind Adam und Eva Gott untreu geworden. Sie verloren ihre göttliche Ehre, weil sie auf eigene Weise ihre Ehre suchten. Ihre Untreue gegenüber Gott brachte Schande über sie, so dass sie sich versteckten und ihre Scham bedeckten. Außerdem entehrten sie Gott mit ihrer Sünde. Gott verlor das Gesicht, würde man aus der Perspektive einer Schamkultur sagen. Weil Adam und Eva über jeden Schande gebracht hatten, vertrieb Gott sie aus seiner Gegenwart, um seine Würde aufrechtzuerhalten.

Als Nachkommen Adams erben wir seine ursprüngliche Schande, und unser eigenes unreines und untreues Herz vermehrt diese Schande noch. Unsere ganze Identität und unser Verhalten sind von Schande gezeichnet. Jede Art Sünde (Missbrauch, Wut, Lästerung, Hochmut, Rassismus, Gewalt, Krieg usw.) entspringt nur dem kläglichen Versuch, die eigene Scham zu bedecken und unsere Ehre wiederzuerlangen. Verzweifelt versuchen wir eigenen Status zu erreichen, indem wir andere beschämen oder stolz auf die Überlegenheit unserer eigenen Gruppe sind und auf andere herabsehen und entsprechend mit ihnen umgehen.

Da wir unser geistliches Gesicht, unsere Familie, unseren Namen und Status verloren haben, ist unser Leben davon geprägt, dass wir gefälschte Ehre fabrizieren. Die Geschichte vom Turmbau zu Babel veranschaulicht, wie Menschen sich auf negative Weise erheben und selbst einen Namen machen wollen.

Unsere Scham ist der Auslöser für unwürdiges Verhalten und entehrt Gott.

Gott hat aus seinem Erbarmen heraus einen Plan gefasst, wie er die menschliche Ehre wiederherstellen möchte. Er hat einen Bund mit Abra(ha)m geschlossen, um ihn mit einem großen Namen, Land, Segen, Volk und mit vielen Nachkommen zu ehren. Als großes Volk sollte Abrahams Familie Gottes Werkzeug sein, um alle Völker zu segnen und zu ehren. Als die Nachkommen Abrahams in Ägypten als Sklaven litten, befreite Gott sie von ihrer schändlichen Knechtschaft. Er gab Israel wieder Wert als seine Nation, es wurde zum „Augapfel Gottes", seinem großen Schatz.

Gott schloss einen besonderen Bund mit Israel, dass dieses Volk Gott durch Treue und Gehorsam gegenüber der Thora ehren sollte. Anhand der Anordnungen in der Thora, dem Wort Gottes, konnten die Israeliten von Schande befreit und in die Gemeinschaft mit Gott zurückgeführt werden. Obwohl Gott durch diesen Bund seinen Kindern Ehre schaffen wollte, blieben sie untreu. Die wiederholte Untreue Israels hat Gottes Namen unter den Völkern weiter in den Schmutz gezogen.

Weil Israel wie eine untreue Ehefrau andere Götter angebetet hat, ist Gottes Angesicht mit Schimpf und Schande belegt worden. Gott hatte Israel auserwählt, doch das führte zu Ethnozentrismus und Gruppengerechtigkeit. Sie glaubten, dass ihnen die Heiden unterlegen und es nicht wert waren, zu Gottes Familie zu gehören. Wie Adam war Israel zur Ehre erwählt, doch es endete in Schande und Gefangenschaft.

Auch wenn Israels Geschichte oft mit Schmach für das Volk endete, weisen einige Ereignisse (zum Beispiel Ruth, David, Daniel, Esther) und Verheißungen auf Gottes Eingreifen hin, dass er eines Tages die gesamte menschliche Familie durch einen Menschensohn und Friedefürst aus dem Volk Israel von Schande befreien und so die Ehre der Menschen wiederherstellen wird.

Obwohl Jesus seit jeher genauso herrlich wie Gott war und als Gottes Sohn im Himmel verehrt worden ist, hat er sich erniedrigt und ist Mensch geworden, um uns Menschen von unserer Schande zu befreien. Er ist der „König der Ehre“, den die Propheten vorhergesagt haben. Ausgestoßene wurden durch die Berührung mit Jesus auf wundersame Weise geheilt. Sie wurden von ihm gereinigt und angenommen.

Es verblüfft, wie radikal Jesus lebte. Er hat mit Leuten aus Randgruppen Tischgemeinschaft gepflegt, die von anderen ausgestoßen waren, und ihnen damit Würde und Ehre geschenkt. Durch seine Liebe und Annahme gegenüber allen, selbst denen mit einem schlechten Ruf, verkündete er den wahren, den ewigen Ehrenkodex Gottes. Das falsche Ehrverständnis der Gesellschaft hat er durchbrochen und allen die Gotteskindschaft angeboten. Das Leben von Jesus hat Gott vollkommen Ehre gemacht.

Allerdings war der selbstlose Dienst von Jesus eine Bedrohung für die menschliche Ehre der religiösen Führer im damaligen Israel. Er offenbarte ihre Schande. Daher haben sie ihn öffentlich auf grausame Weise an den Pranger gestellt. Sie versuchten, Jesus aus dem Weg zu räumen, um die Ehre ihrer Gruppe zu erhalten. Er wurde vor aller Augen verhaftet. Man raubte ihm seine Kleider. Jesus wurde verspottet, ausgepeitscht, angespuckt und dann nackt ans Kreuz genagelt. Er hat im Gehorsam diese Schande ertragen und damit der Scham die Macht genommen. Jesus nahm am Kreuz die gesamte Schande der gefallenen Schöpfung auf sich. Der Ungehorsam Adams, der Schande über seinen Schöpfer gebracht und damit zum „Gesichtsverlust“ des Vaters geführt hatte, wurde durch den Gehorsam des Sohnes aufgehoben. Gottes Ehre, und damit unsere als seine Kinder, wurde wiederhergestellt.

Daraufhin hat Gott sich öffentlich zu seinem Sohn bekannt, der den schändlichen Tod am Kreuz erduldet hatte. Gott hat ihn in Herrlichkeit vom Tod auferstehen lassen und zu sich in den

Himmel geholt. Nun sitzt Jesus auf dem Ehrenplatz zur Rechten Gottes. Sein Name steht über allen anderen. Was Adam und Israel nicht erreichen konnten, hat Jesus gewonnen, indem er wahrhaft Mensch wurde. Sein Leben bringt Gott und der menschlichen Familie Ehre.

Alle, die sich zu Jesus gesellen, erhalten einen neuen Status. Ihre Schande wird bedeckt und ihre Ehre wiederhergestellt. Die Menschen müssen aufhören, sich durch Manipulation, Ränkespiele und Gesichtswahrung Vorteile zu verschaffen. Stattdessen sollen sie ihre Hoffnung ganz auf Jesus setzen, der ihnen eine neue würdige Stellung verleiht.

Die Zugehörigkeit zur Familie Gottes hängt weder von Rasse und Ansehen noch von religiöser Reinheit ab, sondern einzig von der familiären Zugehörigkeit zu dem gekreuzigten Messias. Gott verwandelt unseren alten Status als unreine und unwerte Verstoßene in den Status von reinen und würdigen Kindern Gottes. Wer Jesus folgt und die Schande des Kreuzes auf sich nimmt, wird ihm auch in die Herrlichkeit der Auferstehung folgen.

In Gottes Familie aufgenommen zu sein, ermöglicht uns, dass wir andere Menschen und Gruppen ebenfalls willkommen heißen. Christen können andere annehmen und Gott ehren, weil sie Anteil an Gottes ewiger Herrlichkeit und am Heiligen Geist haben. Wenn Jesus wiederkommt, werden die Ungläubigen all ihrer irdischen Ehre beraubt und in die ewige Schande verbannt, während die Gläubigen eine Ehrenkrone für ewig erhalten, wenn eines Tages Gottes Herrlichkeit die ganze Schöpfung erfüllt.[14]

SCHLÜSSELVERSE ZU SCHAM UND EHRE

Und sie waren beide nackt, der Mensch und seine Frau, und schämten sich nicht. (1Mo 2,25)

Sie sind allesamt Sünder und ermangeln des Ruhmes, den sie vor Gott haben sollen. (Röm 3,23)

Fürchte dich nicht, denn du sollst nicht zuschanden werden; schäme dich nicht, denn du sollst nicht zum Spott werden, sondern du wirst die Schande deiner Jugend vergessen und der Schmach deiner Witwenschaft nicht mehr gedenken. (Jes 54,4)

Bei Gott ist mein Heil und meine Ehre. (Ps 62,8a)

Er hebt auf den Dürftigen aus dem Staub und erhöht den Armen aus der Asche, dass er ihn setze unter die Fürsten und den Thron der Ehre erben lasse. Denn der Welt Grundfesten sind des Herrn, und er hat die Erde darauf gesetzt. (1Sam 2,8)

Er war der Allerverachtetste und Unwerteste, voller Schmerzen und Krankheit. Er war so verachtet, dass man das Angesicht vor ihm verbarg; darum haben wir ihn für nichts geachtet. (Jes 53,3)

[Jesus] nahm den Tod am Kreuz auf sich, und auch die Schande, die damit verbunden war, konnte ihn nicht abschrecken. Deshalb sitzt er jetzt auf dem Thron im Himmel an Gottes rechter Seite. (Hebr 12,2; NGÜ)

Er erniedrigte sich selbst und ward gehorsam bis zum Tode, ja zum Tode am Kreuz. Darum hat ihn auch Gott erhöht und hat ihm den Namen gegeben, der über alle Namen ist. (Phil 2,8–9)

Denn die Schrift spricht: „Wer an ihn glaubt, wird nicht zuschanden werden." (Röm 10,11)

Und ich habe ihnen die Herrlichkeit gegeben, die du mir gegeben hast, auf dass sie eins seien, wie wir eins sind. (Joh 17,22)

Und wer an ihn glaubt, der soll nicht zuschanden werden. Für euch nun, die ihr glaubt, ist er kostbar.... Ihr aber seid ein auserwähltes Geschlecht, ein königliches Priestertum, ein heiliges Volk, ein Volk zum Eigentum,... die ihr einst nicht sein Volk wart, nun aber Gottes Volk seid, und einst nicht in Gnaden wart, nun aber in Gnaden seid. (1Petr 2,6–10)

Erzählungen zum Thema Ehre: Adam (1Mo 2), Rut und Naomi (Rut), Israel (Hes 16), Hanna (1Sam 2), David (2Sam 7), Hiob, Mefi-Boschet (2Sam 9), Esther, Randgruppen (Lk 14), der verlorene Sohn (Lk 15) und Jesus (Phil 2,5–11).

ANGST UND MACHT IN DER HEILSGESCHICHTE

Am Anfang schuf Gott die Welt mit seinem mächtigen Wort. Gott ist der Herrscher über Himmel und Erde. In Liebe übt er seine Macht und Herrschaft aus, und die Schöpfung preist seine gewaltige Stärke.

Nachdem Gott die Welt als sein Königreich gestaltet hatte, setzte er den ersten Menschen, Adam, als Herrscher über die Schöpfung ein. Adam war Gottes Mitregent, ja er war Fürst über die Schöpfung. Adam sollte die Tiere benennen. Damit hatte Gott ihm die Oberherrschaft der Schöpfung zugeteilt. Als souveräner Herrscher hat Gott die Menschen beauftragt, seine Welt zu regieren.

Eines Tages lehnte sich eine Abteilung von Engeln gegen Gottes souveräne Herrschaft auf. Satan, der Feind, führte diese Rebellion an. Der Teufel fasste den Plan, seine unrechtmäßig angeeignete Macht auszuweiten, indem er die Menschheit unter seine Herrschaft brachte. Die listige Schlange lockte Adam und

Eva aus dem Reich Gottes heraus in seinen Herrschaftsbereich. Die rebellischen Mächte unterjochten den Menschen. Auf diese Weise verlor Adams Familie ihre Machtposition und die Herrschaft über die Welt.

Jetzt gilt Satan als der *De-facto*-Herrscher. Er wurde der neue Fürst, und wir wurden alle in sein Reich hineingeboren. Die Augen der Menschen sind verblendet und ihre Herzen werden von Satan gefangen gehalten. Mit Sünde, geistlichen Angriffen und Götzendienst halten die finsteren Mächte die menschlichen Seelen versklavt.

Um die völlige Herrschaft über sein Reich wiederzuerlangen, erwählte Gott sich das Volk Israel. Sie sollten sein Werkzeug im geistlichen Kampf sein. Durch den Bund mit Israel zeigte Gott seinen Herrschaftsanspruch der ganzen Welt. Als Israel in Ägypten unterdrückt wurde, besiegte Gott die ägyptischen Götter, um sein Volk aus der Sklaverei zu befreien. Ihr Auszug aus Ägypten war ein grandioser Beweis von Gottes Macht vor allen Völkern. Der Pharao, damals Herrscher der größten Weltmacht überhaupt, hielt sich für gottgleich. Doch Gott zeigte ihm, wer wirklich die Macht hatte.

Gott ist ein mächtiger Krieger. Seine Herrschaft im Himmelreich über alles – auch über das Böse – kann auf die Erde übertragen werden. Wann immer Israel auf Gott vertraut hat, gab er ihnen den Sieg, selbst wenn sie, militärisch gesehen, im Nachteil waren.

Leider haben sie allzu oft an den falschen Orten nach Macht gesucht. Israel erlag der Versuchung, falsche Götter anzubeten und okkulten Praktiken nachzugehen. Anstatt sich allein auf den Herrn der Heerscharen zu verlassen, verbündeten sie sich mit den Götzen Kanaans und den Herrschern großer Nationen, um Schutz und Segen zu erfahren. Die Propheten verkündeten und demonstrierten, dass Gottes Macht größer ist als die der kanaanitischen Gottheiten, doch Israel war zu schwach, um sich dem Einfluss Satans zu widersetzen.

Gottes befreiende Macht kam zu uns herab in der Person von Jesus Christus, dem himmlischen König. Durch ihn nahm die Gottesherrschaft in der Welt wieder konkrete Gestalt an. Endlich wurde wahr, worauf die Menschen so lange gewartet hatten. Mit der vollen Kraft des Heiligen Geistes ausgerüstet, widerstand Jesus allen Versuchungen Satans. Satan hatte ihm angeboten, sein Mitregent zu werden, doch Jesus blieb Gottes Mission treu und begann, das Reich Satans niederzureißen.

Nie zuvor hat jemand die Menschen aus Satans Einfluss befreien können, wie Jesus das getan hat. Er heilte Kranke, weckte Tote auf und trieb Dämonen aus. Damit entwaffnete er Satan, den Beelzebub, um sein Reich auszuplündern und die Gefangenen zu befreien. Gott war mit ihm, deswegen hat Jesus die Macht erhalten, alle unter der Herrschaft Satans zu befreien.

Die finsteren Mächte dachten, dass ihre Herrschaft gefestigt würde, wenn sie Gottes Sohn töteten. Doch ihr Plan ging nicht auf. Der Tod von Jesus war zugleich der Todesstoß für die bösen Mächte. Als Jesus am Kreuz sein Blut vergoss, entwaffnete er die Mächte und Gewalten in der unsichtbaren Welt und verschaffte Gott den öffentlichen Sieg. Danach hat Gott Jesus von den Toten wieder auferweckt und damit seine Kraft endgültig offenbart. Jesus kehrte aus dem Tod ins Leben zurück und übernahm die Herrschaft, weit über alle Gewalt und Macht.

Die Menschen sollen sich nun von den dunklen Mächten abwenden und die Herrschaft von Jesus anerkennen. Wer an Jesus Christus glaubt, wechselt aus dem Reich der Finsternis ins Reich des Lichts. Gott erweckt uns mit Jesus und verschafft uns mit ihm ewiges Leben und einen Sitz im Himmelreich, womit wir ebenfalls große Macht und Gewalt über alle anderen Mächte erlangen. Gottes Gnade führt uns zurück in die Herrschaftsposition, die wir in dieser Welt einst bereits besessen hatten. Wir sind Miterben der neuen Welt mit Christus. Gottes Kinder, aber auch seine Könige und Priester.

Wir haben ständigen Zugang zur Kraft von Gottes Geist, so dass wir gegen Satan bestehen können. Obwohl Satan weiter wie ein Löwe auf Beutezug geht, schützt uns Jesus vor dessen bösem Einfluss, wenn wir unsere Identität und Autorität in Gottes Sohn bejahen, der gesalbter König des Himmels und der Erde ist. Gott segnet Christen mit jedem geistlichen Segen des Himmelreichs, womit aller Okkultismus und schwarze Magie zunichte gemacht werden. Wo wir Christen durch den Heiligen Geist Liebe und Glaube ausleben, verlieren der Feind und die Sünde ihre Macht über uns. Der Kampf wird zu Ende sein, wenn Gott eines Tages die Streitkräfte Satans endgültig bindet, um dann von seinem Thron aus in alle Ewigkeit mit den Seinen die Welt zu regieren.[15]

SCHLÜSSELVERSE ZU ANGST UND MACHT

Herr HERR, du hast angefangen, deinem Knecht zu offenbaren deine Herrlichkeit und deine starke Hand. Denn wo ist ein Gott im Himmel und auf Erden, der es deinen Werken und deiner Macht gleichtun könnte? (5Mo 3,24)

Der Gott dieser Welt hat sie [die Ungläubigen] mit Blindheit geschlagen, sodass ihr Verständnis verfinstert ist und sie den strahlenden Glanz des Evangeliums nicht sehen, den Glanz der Botschaft von der Herrlichkeit dessen, der Gottes Ebenbild ist – Christus. (2Kor 4,4)

Wer Sünde tut, der ist vom Teufel; denn der Teufel sündigt von Anfang an. Dazu ist erschienen der Sohn Gottes, dass er die Werke des Teufels zerstöre. (1Joh 3,8)

Wenn ich aber die Dämonen durch den Geist Gottes austreibe, so ist ja das Reich Gottes zu euch gekommen. (Mt 12,28)

Er hat die Mächte und Gewalten ihrer Macht entkleidet und sie öffentlich zur Schau gestellt und über sie triumphiert in Christus. (Kol 2,15)

Weil nun die Kinder von Fleisch und Blut sind, hatte er gleichermaßen daran Anteil, auf dass er durch den Tod die Macht nähme dem, der Gewalt über den Tod hatte, nämlich dem Teufel, und die erlöste, die durch Furcht vor dem Tod im ganzen Leben Knechte sein mussten. (Hebr 2,14–15)

Er hat uns errettet aus der Macht der Finsternis und hat uns versetzt in das Reich seines geliebten Sohnes. (Kol 1,13)

Wie überschwänglich groß seine Kraft an uns ist, die wir glauben durch die Wirkung seiner mächtigen Stärke. Mit ihr hat er an Christus gewirkt, als er ihn von den Toten auferweckt hat und eingesetzt zu seiner Rechten im Himmel über alle Reiche, Gewalt, Macht, Herrschaft und jeden Namen, der angerufen wird, nicht allein in dieser Welt, sondern auch in der zukünftigen. (Eph 1,19–21, vgl. 6,10–18)

Denn wir haben nicht mit Fleisch und Blut zu kämpfen, sondern mit Mächtigen und Gewaltigen, mit den Herren der Welt, die über diese Finsternis herrschen, mit den bösen Geistern unter dem Himmel. (Eph 6,12)

Der Gott des Friedens aber wird den Satan unter eure Füße treten in Kürze. Die Gnade unseres Herrn Jesus sei mit euch! (Röm 16,20)

Erzählungen zum Thema Macht: Exodus (2Mo 15), Elia (1Kön 18), die Versuchung von Jesus (Lk 4), der besessene Gerasener (Mk 5), Ephesus (Apg 19), der Reiter auf dem weißen Pferd (Offb 6).

GARTEN EDEN UND SÜNDE

Dass wir in allen Kulturen dieser Welt die Gefühle Schuld, Scham und Angst vorfinden, sollte uns kaum überraschen. Denn nach 1. Mose 3 gelten sie allesamt als Folgen der Sünde. Um Gottes Heilsgeschichte und die Bibel dreidimensional in ihrem vollen Umfang verstehen zu lernen, müssen wir also zuerst einmal akzeptieren, dass die Sünde unter uns Menschen diese verschiedenen negativen Aspekte gleichzeitig verursacht. Sünde kann nicht nur mit Schuld gleichgesetzt werden, sie verursacht auch Scham und Angst.

Direkt nach dem Sündenfall sind Adam und Eva die Augen geöffnet worden. Sie erkannten Gut und Böse, Richtig und Falsch. Dieses neu erworbene Wissen ließ sie ein Gespür für ihre *Schuld* entwickeln, dass sie Gottes Gebot übertreten hatten. Gott hatte sie gewarnt, nicht vom Baum in der Mitte des Gartens zu essen. Sie hatten die einzige Regel, die es im Garten Eden überhaupt gab, nicht eingehalten. So verloren sie ihre Unschuld und fühlten sich fortan schuldig. Ihr Gewissen bekam ein Gespür für Richtig und Falsch, und somit auch für ihre Schuld.

Die Übertretung von Adam und Eva hat die Menschheit durch die ganze Geschichte hindurch beeinträchtigt. Der sündige Mensch kann Gottes Geboten nicht Folge leisten, weil er seither von Gott getrennt ist. Obwohl wir alle schuldig sind, weil wir sündigen, gibt Gott uns in Jesus die Möglichkeit, Vergebung zu erlangen.

Der Ungehorsam von Adam und Eva brachte jedoch auch *Scham* in die Welt. Nachdem Adam und Eva Gott ungehorsam waren, bedeckten sie sich mit Feigenblättern. Sie wollten nicht nackt gesehen werden. Sie fühlten sich plötzlich unwürdig und waren verlegen. Bevor sie gesündigt hatten, waren Adam und

Eva „beide nackt und schämten sich nicht“ (1Mo 2,25), nun lernten sie das Gefühl der Scham kennen.

Als Gott im Garten umherging, versteckten sie sich zum allerersten Mal vor ihm. Sie spürten, dass etwas mit ihnen selbst nicht mehr in Ordnung war, nicht nur mit dem, was sie getan hatten. Die Scham, die Adam und Eva verspürten, war nicht nur eine versteckte Empfindung, sondern objektive Realität. Sie hatten ihr Gesicht und ihren Status vor der übrigen Schöpfung verloren, was zur Folge hatte, dass ihnen fortan der Makel von Pein, Schwachheit und Unreinheit anhaftete. Beim Tod wird der Mensch seither wieder zu gewöhnlicher Erde.

Als untreue Kinder, die Gottes Ehre verletzt hatten, verloren sie mit dem Sündenfall ihre eigene Ehre. Adam und Eva wurden aus der Gemeinschaft mit Gott ausgeschlossen. Die Menschheit hatte ihr Gesicht verloren. Diese Schande wird wie eine Erbkrankheit auf alle Nachkommen übertragen. Wir fühlen sie, die schreckliche Schande, dass wir Gott nicht mehr genügen können. Doch Gott hat für die Nacktheit von Adam und Eva Tierfelle bereitgestellt, mit denen er ihre Schande bedeckte. Durch die ganze Bibel hindurch stellt Gott die Ehre für Menschen wieder her, die Ausstoßung und Schande erfahren haben.

Adam und Eva hatten nach dem Sündenfall auch *Angst.* Als Adam Gott im Garten hörte, fürchtete er sich vor seinem himmlischen Vater. Adam und Eva wurden gewahr, wie schwach und verletzlich sie waren, weil sie der verführerischen Macht Satans nicht widerstehen konnten. Sie hatten der Versuchung durch Satan nicht standgehalten, seither hat Satan Einfluss auf ihr Leben. Ursprünglich herrschten Adam und Eva als Prinzregenten über die ganze Schöpfung, nun mussten sie die Schöpfung bearbeiten, wie unterworfene Diener. Sie wurden zu Sklaven, die in ständiger Angst unter ihrem neuen Herrn lebten. Wir Menschen sind ausgeliefert und ohne Schutz, bis der neue Kämpfer kommt, um uns zu retten.

Mit der Sünde von Adam und Eva sind Schuld, Scham und Angst in die Welt gekommen. Doch Gott schenkt denen, die ihm vertrauen und das Opfer für die Erlösung durch das Leben und Sterben von Jesus annehmen, wieder ihre Unschuld, Ehre und Macht.

Der amerikanische Theologe Timothy Tennent drückte es folgendermaßen aus: „Ein genaueres Verständnis anhand der Bibel von der menschlichen Identität außerhalb von Christus, die von Schuld, Scham und Angst geprägt ist, wird wiederum eine tiefere und umfassendere Wertschätzung von dem Werk Christi am Kreuz hervorbringen."[16] Dass Jesus uns nicht nur von Schuld, sondern auch von Schande und Angst befreit, macht sein Opfer am Kreuz zu unserer Rettung noch wertvoller.

DER OPFERTOD VON JESUS AM KREUZ

Das Kreuz und der Tod des Gottessohnes Jesus Christus sind nicht einfach zu verstehen. Wozu brauchte es ein Sühneopfer, und warum musste die Erlösung durch das Folterwerkzeug der Römer, durch das Kreuz, geschehen? Was passierte im Himmel, als Jesus starb? Und wie wirkt sich das auf unser Leben aus?

In der Geschichte haben Christen die Erlösung durch den Tod von Jesus mit unterschiedlichen Sühnetheorien erklärt. Wir wollen uns hier drei dieser Theorien genauer anschauen und werden sehen, wie Christen in früheren Zeiten versucht haben, sie den verschiedenen Kulturen verständlich zu machen. Wie haben sie die biblische Lehre und die Metaphern zum Sühneopfer Menschen erklärt, die auf der Suche nach Macht, Ehre und Unschuld waren?[17]

Die Lösegeldtheorie (Angst)

Die Menschen sind in die Sklaverei unter einen grausamen Herrn geraten und müssen von dessen Herrschaft befreit werden. Die Kirchenväter in der späten Antike dachten, Gott konnte uns nicht einfach zurückstehlen, denn damit hätte er sich der verräterischen Mittel des Feindes bedient. Ein rechtlich bindender Handel war erforderlich, damit Satan seine Herrschaft über die Menschen wieder aufgeben würde. Der Preis war Jesus, der sein Leben als Lösegeld für uns Menschen gegeben hat (vgl. Mk 10,45).

Satan hat diesen Köder geschluckt. Er dachte, dass er damit Sieg und Herrschaft über Gottes Sohn bekommen würde und Gott damit endgültig unterwerfen könnte. Doch Satan war nicht stark genug, um Christus unter seine Gewalt zu bekommen, wie es sein Plan war. Jesus starb zwar. Doch er war dem Tod nicht unterworfen, sodass er sich der Kontrolle Satans entzog. Die Auferstehung war der Beweis für den vollkommenen Sieg von Jesus.

Die Kirchenväter verstanden zwar den rechtlichen Vorgang des Handels im Detail etwas unterschiedlich, doch das Kreuz galt ihnen gemeinsam als Sieg Gottes über die bösen Mächte und als Befreiung der Menschen. Zeitgenössische Theologen sprechen vom Sühneopfer als „Christus Victor“, womit sie betonen, dass Christus die bösen Mächte überwunden hat. Durch seinen Tod hat Jesus uns von aller Angst befreit und uns geistliche Kraft gegeben. Die Lösegeldtheorie galt in den ersten tausend Jahren der Kirche als vorherrschende Erklärung für das Sühneopfer.

Die Wiedergutmachung (Scham)

Alle Menschen sollen Gott ehren, indem sie ihn lieben und ihm gehorchen. Wir sind Gott Ehre schuldig. Anselm von Canterbury (1033–1109) vertrat die Ansicht, dass Menschen, die Gott keine Ehre erweisen, damit die Ehre an sich reißen, obwohl sie nur Gott gebührt. Weil die Sünder Gott die Ehre geraubt haben, muss für diesen Gesichtsverlust eine Wiedergutmachung geleistet werden. Der Mensch jedoch ist nicht imstande, diese Ehrschuld zu begleichen, weil das nur durch einen entsprechenden Erweis von Ehre durch eine höher gestellte Person geschehen kann.

Jesus fungiert als Stellvertreter für die gesamte Menschheit. Er hat Gott, den Vater, geliebt, war ihm vollkommen gehorsam und hat ihm damit Ehre erwiesen. Er hat die perfekte Wiedergutmachung für den Ehrverlust Gottes geleistet und damit die Notwendigkeit der Strafe abgewandt. Das Sterben von Jesus trägt quasi dazu bei, dass Gott sein Gesicht nicht verliert.[18] Das Kreuz beweist außerdem, dass Gottes Wesen aller Ehre würdig ist. Denn im Tod von Jesus wird erfüllt, was Gott Abraham verheißen hat: nämlich dass alle Völker durch ihn gesegnet werden. Ohne das Kreuz würde Gott als untreu und unfähig gelten (Röm 15,8).

In Canterburys Buch *Cur Deus Homo* (Warum Gott Mensch wurde) kommt die Wiedergutmachungstheorie zum ersten Mal auf. Es spiegelt die feudalen Werte seiner Zeit wieder. Damals war es üblich, dass eine Schmach (der Verlust der persönlichen Ehre) wiedergutgemacht werden musste. Die These der Wiedergutmachung passt am besten in den Kontext von Scham-Ehre-Gesellschaften.

Der eigentliche Zweck des Kreuzes liegt nach dieser Theorie darin, Gottes Herrlichkeit wiederherzustellen. Doch eine Folge ist auch die Wiedergewinnung der Ehre für uns Menschen. Am

Kreuz hat Jesus unsere Schmach auf sich genommen (Jes 53,3), damit erlangten auch wir unser Gesicht vor Gott wieder.

Es ist kein Wunder, dass die Theologie der Kirche des Ostens betont, wie Jesus uns Menschen die Ehre zurückgebracht hat. Athanasius von Alexandrien (298–373) sagte: „Gott ist Mensch geworden, damit der Mensch Gott wird." Die Lehre der *Theosis* (Vergöttlichung) beinhaltet die vergöttlichende Gnade, dass Gott dem Menschen seine Ebenbildlichkeit zurückbringt (vgl. Joh 17,22; 2Petr 1,4). Als Jesus am Kreuz starb, stellte er die Ehre für Gott *und* für den Menschen wieder her.

Die Stellvertretertheorie (Schuld)

Gott ist absolut heilig und gerecht, weshalb er alle Gesetzesübertretungen bestrafen muss. Gott liebt uns. Trotzdem müssen Gerechtigkeit gewahrt und Verfehlungen bestraft werden. Nach der Stellvertretertheorie wäre Gott ungerecht, wenn er willkürlich Sünden vergeben würde. Weil Gott jedoch gerecht ist und immer tut, was recht ist, vergilt er den Menschen gemäß dem, was sie verdienen. Unsere Sünde muss mit ewiger Strafe geahndet werden.

Doch Jesus nimmt unseren Platz ein. Als Opfer nimmt er die Verdammnis, die auf uns lastet, auf sich. Der Opfertod von Jesus am Kreuz ist die Versöhnung für die Sünde und Begleichung der Schuld. Damit wird der Zorn Gottes uns gegenüber gestillt. Jesus hat dafür gesorgt, dass die Rechtsordnungen eingehalten werden. Er nahm die Strafe an unserer Stelle auf sich. Auf diese Weise kann Gott den Schuldigen frei und gerecht sprechen, ohne dass sein Recht und seine Gerechtigkeit darunter leiden.

Die Stellvertretertheorie stammt von reformierten Gesetzesgelehrten in der Mitte des 16. Jahrhunderts. Seit dem 19. Jahrhundert ist sie die weitest verbreitete Sühneopfertheorie in der westlichen Christenheit – womöglich, weil sie die Sprache und Werte des westlichen Rechtssystems benutzt (v. a. ausgleichende Gerechtigkeit), um zu erklären, wie jeder Schuldige vor Gott und dem Gesetz entsprechend freigesprochen werden kann.

Zeitgenössische Theologie muss sich immer nach der Bibel richten und ihre Metaphern und Schwerpunkte vom Sinn her richtig wiedergeben, wenn sie erklärt, wie der Tod von Jesus am Kreuz uns Menschen von Schuld, Scham und Angst befreit. Für unsere Theologie können uns dabei die verschiedenen Versöhnungstheorien aus der Kirchengeschichte eine Hilfe sein.

SYSTEMATISIERTE THEOLOGISCHE KATEGORIEN

Kategorie	***SCHULD***	***SCHAM***	***ANGST***
Schlüssel-metapher	Gerichtssaal (rechtlich)	Gemeinschaft (relational)	Kampf (militärisch)
Existentielle Frage	Wie können meine Sünden vergeben werden, dass ich sicher in den Himmel kommen kann?	Wie kann ich zur Gemeinschaft dazugehören, sodass sie mich respektiert?	Womit erlange ich die Macht, mein Leben zu kontrollieren?
Historische Theologie	augustinisch, reformiert	kaum vorhanden	pfingstlerisch, charismatisch
GOTT			
Gott	Gesetzgeber und Richter (sündlos, vollkommen, gerecht)	Vater und Patron (treu, herrlich, erhaben)	Herrscher und Befreier (allmächtig, transzendent)
Gottes Heiligkeit	Nur er erfüllt den absoluten moralischen Standard	Nur er ist der Herrlichkeit würdig, ihm gebührt die Ehre	Er allein hat geschaffen und steht über allem
Gottes Hoheit	Vergibt Übertretern und spricht ihnen das zukünftige Heil zu	Erhöht die Demütigen und widersteht den Stolzen	Siegt über geistliche Feinde und herrscht über die ganze Welt
Gottes Gerechtigkeit steht für	sein Strafgericht	seine Bundestreue	seine Allmacht

SÜNDE			
Sünde	Übertretung und Gesetzesbruch	Schande und Untreue	Ungehorsam und Götzendienst
Sündhaftigkeit	Totale Verdorbenheit	Völlige Unannehmbarkeit	Heillose Schwachheit
Verstoß	Gottes Gesetz und Gerechtigkeit	Gottes Angesicht und Herrlichkeit	Gottes Macht und Herrschaft
Sünder	verurteilt	verbannt	verflucht
Folge der Sünde	Urteil und Strafe	Schande und Unreinheit	Kontrolle und Unfreiheit
Empfindung von Sünde	Reue	Unwürdigkeit	Angst
Reaktion des Menschen auf den Sündenfall (1Mo 3)	Abweisung von Schuld	Bedeckung der Nacktheit	Verstecken aus Angst
Kulturelle Lösungen	Rechtfertigen, bekennen, wiedergutmachen	Bedecken, fliehen, sich verstecken	Animismus, schwarze Magie
Falsche Hoffnung	Moral, Werke, Leistung	Identität, Beziehungen, Name	Rituale, Geheimnis, Zauber
AT Gesetze offenbaren	unser moralisches Versagen	unsere Unreinheit	unseren Götzendienst

JESUS			
Christus	Stellvertreter und Opfer	Mittler und Bruder	Eroberer und Befreier
Fleischwerdung von Jesus	Jesus wird ganz Mensch, um unsere Schuld zu begleichen	Jesus verlässt die Herrlichkeit, um verherrlicht zu werden	Jesus kommt, um die Werke des Teufels zu zerstören
Sein Leben	Jesus lebte sündlos	Jesus heilte die Unreinen, aß mit Außenseitern und Heiden	Jesus trieb Dämonen aus, tat Zeichen und Wunder
Sein Tod	Jesus trägt die Strafe für unsere Schuld	Jesus beseitigt die Schande und rettet Gottes Ehre (Gesicht)	Jesus besiegt alle Dämonen und bösen Mächte endgültig
Das Kreuz	stillt den Zorn Gottes	ändert Gottes Sicht über uns	errichtet Gottes Macht
Sühnetheorie	Stellvertretung	Zufriedenstellung, *Theosis* (Vergöttlichung)	Freikauf, Jesus als Sieger
Die Auferstehung sorgt für	Gewissheit des zukünftigen Heils	Ehre von Gott für die in Schande Lebenden	Sieg über Satan und den Tod

ERLÖSUNG			
Erlösung gibt	Unschuld und Vergebung	Ehre und Gesicht, Reinheit	Macht und Freiheit
Buße	von Werkgerechtigkeit (aufhören zu versuchen, Gott durch gute Werke zu gefallen)	von Stolz (widerstehen kulturelle Wege zu gehen, um sich selbst zu erhöhen)	von Götzendienst (falsche Götter und magische Rituale aufgeben)
Gnade überwindet	Bosheit	Wertlosigkeit	Schwachheit
Vergebung	bereinigt Verfehlungen	versöhnt	zerstört Bollwerke
Bei Gott ist	Annahme und Intimität	Prestige und Status	Macht und Kraft
Versöhnung mit Gott führt zum Frieden mit	sich selbst (Seele, Gewissen)	anderen Menschen (Familie, Gemeinschaft)	der Schöpfung und der übernatürlichen Welt
Jüngerschaft bedeutet	Gehorsam	Loyalität	Unterwerfung
Heiliger Geist schenkt	Führung im Alltag	Gemeinschaft mit Trinität	Rüstung für den Kampf
Ethik	Liebe andere!	Ehre andere!	Segne andere!
Heilsgewissheit	Bin ich gerettet und gerechtfertigt?	Bin ich Teil der wahren Gemeinschaft?	Habe ich die Kraft, die finsteren Mächte zu überwinden?
Epheser	2,1–10	2,11–22	6,10–17

4

PRAXIS

In der Bibel spricht Gott die zentralen Herzenswünsche jeder Kultur gleichermaßen an: Unschuld, Ehre und Macht. Das Evangelium ist dabei wirklich wie ein Diamant mit vielen Facetten, es kann uns Menschen von allen Aspekten der Sünde befreien, von Schuld, Schande und Angst.

Als Christen ist es unsere Aufgabe, nicht einfach nur den Glanz dieses Edelsteins zu bestaunen. Jesus fordert uns in Matthäus 28 eindrücklich dazu auf, unser Wissen von Gottes Rettung weiterzutragen und allen anderen mitzuteilen, so dass Völker und Menschen weltweit erkennen, wie wunderbar das Leben ist, das Gott uns in Jesus Christus schenkt. Im letzten Kapitel erschließen wir, wie wir diese Botschaft unterschiedlichen Kulturen am besten weitergeben können.

Selbstverständlich ist jeder von uns von seinem eigenen kulturellen Kontext geprägt. Wir Christen erzählen das Evangelium meist genau auf die Art, wie wir es selbst für uns entdeckt haben. Wir denken, dass unsere westlichen Methoden für Evangelisation und Jüngerschaft überall auf der Welt gleichermaßen gelten. Doch wenn wir Menschen anderer Kulturen die Botschaft der Bibel durch unsere Brille vermitteln, verstehen sie es manchmal nicht richtig. Selbst wenn wir bejahen, dass die Botschaft der Bibel in einer für die andere Kultur verständlichen Weise weitergegeben werden sollte (Kontextualisierung), fallen wir zu oft in die eigenen Methoden und Denkweisen zurück, weil wir nicht über genug praktisches Know-how verfügen, wie das Evangelium in anderen Kulturen weitergesagt werden kann. Lassen Sie es uns üben.

Die drei Dimensionen der Kulturen weltweit und der Erlösung können unseren Ansatz verändern, wie wir mit Menschen über Jesus reden. Wie können wir die Frohe Botschaft Nachbarn aus anderem kulturellen Hintergrund verständlich weitersagen? Es gilt, eine Missiologie in 3D zu entwickeln. Widmen wir uns dafür zunächst einmal zwei wichtigen Aspekten der biblischen Botschaft: dem „Heilsplan Gottes“ und der „Geschichte des Heils“, und übertragen diese in 3D. Wie können wir sie dreidimensional weitergeben?

Danach werden wir drei kontextualisierte Ansätze christlicher Verkündigung vorstellen, wie wir das Evangelium den Menschen so nahebringen, dass es sie wirklich berührt. Unsere Zuhörer erfahren das Evangelium entweder vorzugsweise als *Wahrheit*, als *Macht* oder in der *Gemeinschaft*.

DER HEILSPLAN GOTTES

Millionen Menschen sind durch das Faltblatt „Die vier geistlichen Gesetze“ auf Jesus hin angesprochen worden. Viele Christen benutzen diese wertvolle, einfache Gliederung von vier Abschnitten, um anderen die gute Botschaft der Bibel zu erklären. In der folgenden Tabelle nehmen wir diese Gliederung zur Hand, um den Heilsplan für jeden Kulturtyp darzulegen. Jedes kulturelle Umfeld und jeder Mensch sind anders. Deshalb zeigt die Tabelle unten nur einen von vielen möglichen Ansätzen:

	SCHULD – UNSCHULD	SCHAM – EHRE	ANGST – MACHT
1. Gottes Absicht	**Gott liebt dich und hat einen Plan für dein Leben.** Jesus kam, damit wir ewiges Leben haben und nicht verloren gehen. Er gibt uns ein erfülltes Leben.	**Du bist wertvoll vor Gott, und er will dich damit ehren, sein Kind zu sein.** Gott hat uns erschaffen und uns Ehre und Würde geschenkt, mit ihm zusammen in einer harmonischen Familienbeziehung zu leben.	**Gott ist allmächtig und schenkt dir geistliche Macht.** Gott hat uns geschaffen und beauftragt, Herr über die ganze Schöpfung (sichtbar und unsichtbar) zu sein und seinen geistlichen Segen zu erfahren.
2. Das menschliche Dilemma	Die Menschen sind sündig und vor Gott verdammt. Unsere Übertretungen schaffen eine Kluft zwischen uns und dem heiligen Gott. Mit guten Werken können wir Gottes Standard nicht genügen.	Die Menschen sind voller Schande und entehren Gott. Unser Aufruhr führt zu Scham. Mit unseren Versuchen, die eigene Ehre wiederherzustellen, können wir nicht die Schande verhüllen, dass wir geistlich verwaist sind.	Die Menschen leben in Angst unter der Gewalt Satans. Unser Götzendienst verwehrt uns den Zugang zur göttlichen Kraft. Die finsteren Mächte regieren über alle Menschen und führen zu Sünde, Tod und Unheil.
3. Die Lösung durch Jesus	Jesus Christus ist das vollkommene Opfer für deine Sünden. Jesus starb anstelle von uns am Kreuz und bezahlte die Schuld für unsere Sünden. Jesus hat den Zorn Gottes auf sich genommen und Gottes gerechte Strafe für uns ertragen.	Jesus Christus hat unsere Schande ertragen und die Ehre wiederhergestellt. Der schändliche Tod von Jesus nimmt uns die Scham und verschafft uns Würde. Durch Jesus kannst du wieder zur Familie Gottes gehören, weil er Gott die Ehre gegeben hat.	Jesus ist der Kämpfer, der für uns die Macht wiedergewinnt. Jesus hat die bösen Mächte und den Tod besiegt, um uns Gottes Macht und Segen zu bringen. Sein Tod entwaffnete die Mächte und gibt uns geistliche Kraft.

4. Unsere Antwort auf die Erlösung	Du musst Jesus als Retter für dich persönlich annehmen. Nimm Christus als deinen eigenen Retter an, und wende dich ab von menschlicher Moral, um Vergebung der Sünden und ewiges Leben zu erhalten.	Du musst Jesus folgen, um in die Familie Gottes einzutreten. Nimm die gnädige Einladung Gottes in seine Familie an und lebe unter seinem Namen. Wende dich ab von den falschen kulturellen Wegen, dein Gesicht zu wahren (Ehre zu bekommen), und nimm Gottes Ehre an.	Du musst Jesus kennen, um Zugang zu Gottes Kraft zu bekommen. Vertraue darauf, dass du nur durch die Beziehung zu Jesus Christus Schutz und Kraft erhältst. Wende dich ab von magischen Ritualen und Okkultismus, um in Jesus Macht und Segen zu erfahren.

DIE HEILSGESCHICHTE

In jeder Kultur finden wir eigene Begriffe und Wortbilder (Metaphern), die in ihrem Umfeld am meisten Sinn machen. Worte und Werte aus wichtigen Lebensbereichen (Gerichtssaal, Gemeinschaft oder Kampf) werden als Gleichnisse benutzt, um ihr Weltbild und das geistliche Leben zu veranschaulichen. Wir Menschen verwenden Bilder aus der hiesigen Welt, um die geistliche Welt zu beschreiben.

Menschen verstehen die Erlösung besser, wenn wir in der Sprache ihrer Kultur reden. Das können Sie üben. Versuchen Sie einfach, Ihren Freunden aus einer anderen Kultur die biblische Heilsgeschichte (Schöpfung, Sündenfall, Israel, Jesus, Kreuz, Wiederherstellung) mithilfe der Begriffe aus einem der drei Wortfelder unten zu erzählen.[19]

Begriffe aus dem Gerichtssaal (Schuld-Kultur)

Gesetz	*Übertretung*	*Gericht*
Beschwichtigung	*Richter*	*Richtig/falsch*
Regeln	*Freispruch*	*Bereinigung*
Verdammung	*Unschuld*	*Strafe*
Opfer	*Individuum*	*Bestrafung*
Vergebung	*Persönlich*	*Leistung*
Schuld	*Begleichung*	*Anordnungen*
Zorn	*Schuld*	*Sühne*
Gerechtigkeit	*Begnadigung*	*Werke*

Begriffe aus der Gemeinschaft (Scham-Kultur)

Treue	*Mittler*	*Familie*
Vater	*Jude/Heide*	*Gemeinschaft*
Kind	*Harmonie*	*Öffentlichkeit*
Bund	*Loyalität*	*Fest*
Respekt	*Einheit*	*Verunreinigung*
Inklusion	*Gastfreundschaft*	*Demütigung*
Gesicht	*Ruf*	*Wert*
Ehrfurcht	*Identität*	*Annahme*
Würde	*Entfremdung*	*Blamiert*
Unrein	*Akzeptanz*	*Patron(at)*
Würdig	*Herrlichkeit*	*Schmach*
Ruhm	*Reinheit*	*Feindschaft*
Bedrohung	*Erbe*	*Adoption*
Schande		

Begriffe aus dem Kampf (Angst-Kultur)

Befreiung	*Heilung*	*Satan*
Kräfte	*Knechtschaft*	*Macht*
Dunkelheit	*Herrschaft*	*Exodus*
Magisch	*Zeichen*	*Wunder*
Wundertaten	*Besessenheit*	*Machtvoll*
Schwach	*Konfrontation*	*Gefangen*
Frieden	*Gewalt*	*Allmächtig*
Thron	*Kontrolle*	*Unterdrückung*
Kampf	*Geistwesen*	*Heiliger Geist*
Exorzismus	*Gebet*	*(König)Reich*
Engel	*Fluch/Segen*	*Schutz*
Betrüger	*Freiheit*	*Festung*
Erobern	*Sieg*	*Götzendienst*

DEN EVANGELISATIONSSTIL ANPASSEN

Das Evangelium einfach nur in neue Worte zu verpacken, reicht jedoch nicht aus, um die Menschen aus scham- und angstorientierten Kulturen für Jesus zu gewinnen. Wir müssen auch die Kanäle, über die wir ihnen die gute Nachricht weitergeben, an ihre Kultur anpassen. Es gilt, das Evangelium in einer wirklich den Zuhörern entsprechenden Form weiterzusagen. Die Botschaft der Bibel soll die Menschen in einer Weise berühren, die ihnen aus ihrem Alltag heraus bereits bekannt ist; wie sie es gewohnt sind, Unschuld, Ehre und Macht zu gewinnen.

Die Bibel in ihrer ganzen Fülle weiterzugeben, bezieht sich also auf beides, sowohl auf den *Inhalt* des Evangeliums als auch auf die *Mittel*, wie wir diese Botschaft weitersagen. Im vorherigen Abschnitt haben wir mit theologischen Begriffen und Bildern gearbeitet, um den Zuhörern und ihrer Kultur ein Stück näherzukommen. Nun geht es um unsere Strategie, wie wir die Botschaft weitersagen. Dabei bieten sich uns drei Sichtweisen, wie wir Gottes Mission verstehen: entweder als Freispruch für Schuldige, als Annahme von Menschen in Schande, oder als Befreiung aus der Sklaverei der Angst.

Was wäre die geeignetste Sichtweise für jeden unserer drei Kulturtypen? Wie kommt unser Gegenüber am einfachsten mit dem Evangelium klar? Wollen wir es ihm als *Wahrheit*, als *Kraft* oder als *Gemeinschaft erneuernd* vermitteln? Die kulturelle Orientierung beeinflusst, wie Menschen das Evangelium wahr- und aufnehmen. Wenn wir uns dem Kulturtyp unserer Gesprächspartner ein wenig anpassen, haben sie es viel leichter, unsere Botschaft zu verstehen.

In Apostelgeschichte 26,18 beschreibt Paulus seine Mission zu den Heiden in erstaunlich dreidimensionaler Weise: „Um ihre Augen aufzutun, dass sie sich bekehren von der Finsternis zum Licht und von der Gewalt des Satans zu Gott (*Kraft*). So werden sie Vergebung der Sünden (*Unschuld*) empfangen und das Erbteil mit denen, die geheiligt sind (*Ehre*) durch den Glauben an *Jesus*.“ Eindeutig, Paulus hat das Evangelium dreidimensional verkündigt.

In diesem Bibelabschnitt sind die drei Stränge des Evangeliums nicht isoliert voneinander, Paulus verkündigt sie hier alle auf einmal. Doch je nach Situation und Zuhörer ist es durchaus gerechtfertigt, einmal einen der drei Ansätze bewusst vorzuziehen, damit Menschen einer bestimmten Kultur die Botschaft leichter verstehen. Das lernen wir bei Paulus. Hier drei Beispiele aus der Apostelgeschichte, wie Paulus seinen Zuhörern die Aspekte Wahrheit, Kraft und Gemeinschaft veranschaulicht hat:

WAHRHEIT LEHREN

Während des Gottesdienstes in der Synagoge von Antiochia in Pisidien (Apg 13,13–42) fragten die Leiter der Synagoge die Missionare, ob sie zur Versammlung reden wollten. Paulus bejahte, er stand auf und predigte ihnen die Geschichte Israels, und wie sie durch die Auferstehung von Jesus Christus ihren Höhepunkt erreicht hat. Am Ende forderte Paulus die Hörer heraus: „So sei euch nun kundgetan, ihr Männer, liebe Brüder, dass euch durch ihn (Jesus) Vergebung der Sünden verkündigt wird." Wer Paulus hörte, hatte eine Begegnung mit der Wahrheit des Evangeliums. Paulus argumentierte wie bei einem Plädoyer im Gerichtssaal.

Auch in der westlichen Theologie argumentiert man wie bei einem Gerichtsverfahren, denn sie ist in einem kulturellen Umfeld entstanden, wo Recht und Ordnung wichtig sind. Bei der Begegnung mit der Wahrheit fungiert der Christ als Rechtsanwalt, der mit Argumenten die Wahrhaftigkeit des Evangeliums zu verteidigen sucht. Das Evangelium zu verkündigen beinhaltet, dass man es logisch nachvollziehbar erklärt. Man appelliert an die Vernunft und den allgemeinen Menschenverstand, da es in der Frage nach Wahrheit um Richtig oder Falsch geht. Wie in Apostelgeschichte 13 fordert Paulus seine Zuhörer heraus, die Wahrheit der guten Botschaft anzuerkennen und Vergebung zu erfahren.

Evangelistische Strategien der westlichen Welt betonen die Verkündigung anhand geistlicher „Gesetze". Beim klassischen Ansatz „Vier geistliche Gesetze" von *Campus für Christus* und bei evangelistischen Veranstaltungen wie *ProChrist* wird das Evangelium kognitiv dargestellt, sodass es vor allem den Verstand anspricht. Die Apologetik (Verteidigung des Glaubens), ein beliebtes Fach in westlichen christlichen Ausbildungsstätten, gebraucht philosophische Argumente, um den Glauben auf eine rationale Basis zu stellen und ihn gegen Anklagen zu verteidigen. Die apologetischen Bestseller *Der Fall Jesus* von Lee Strobel und *Die Bibel im Test* von Josh McDowell sind gute Beispiele dafür, dass der Glaube in Schuld-Unschuld-Kulturen wie bei einem Gerichtsverfahren verteidigt wird. Das Evangelium wird als Wahrheit präsentiert.

Im Westen lehren wir Christen, indem wir Wahrheiten vermitteln. Die gebräuchlichste Form der Unterweisung ist die Predigt, weil wir glauben, dass Werte am besten durch Lehre vermittelt werden können. Westliche Theologie hat eine Vorliebe für die systematische Theologie (eine geordnete, rationale Abhandlung über den christlichen Glauben) und den Römerbrief (das systematischste, argumentativste Buch der gesamten Bibel). Diese Vorlieben veranschaulichen, wie sehr die Annahmen und Methoden aus der Rechtsprechung den geistlichen Dienst im Kontext unserer Schuld-Unschuld-Kulturen prägen.

Der missiologische Ansatz, die Wahrheit zu erfahren, hat erstaunlich viel Frucht für Gottes weltweite Gemeinde hervorgebracht. Er bleibt eine zentrale Strategie für Mission. Die Welt muss weiterhin die Wahrheit des Evangeliums hören. Doch die Christen aus Kulturen, die auf Schuld-Unschuld-Denken basieren, müssen bedenken, dass ihre kulturelle Orientierung die missiologischen Methoden weltweit geprägt hat. Das ist nicht immer gut so. Wir sollten der Mehrheit der Weltbevölkerung das Evangelium wohl besser aus dem Blickwinkel von Macht oder Gemeinschaft beschreiben.

MACHT ERFAHRBAR MACHEN

Auf ihrer ersten Reise fuhren Paulus und Barnabas von Antiochia aus mit dem Schiff zur Insel Zypern. Der dortige Statthalter rief die Apostel (christlichen Missionare) zu sich, weil er ihre Botschaft hören wollte. Doch ein Zauberer an seinem Hof leistete ihnen Widerstand. Paulus erkannte die finsteren Mächte hinter dem Eingreifen des Zauberers und rief spontan: „Du Sohn des Teufels, voll aller List und aller Bosheit, du Feind aller Gerechtigkeit, hörst du nicht auf, krumm zu machen die geraden Wege des Herrn? Und nun siehe, die Hand des Herrn kommt über dich, und du sollst blind sein und die Sonne eine Zeit lang nicht sehen!" Staunend erlebte der Statthalter mit, wie sein Magier daraufhin erblindete. Der hohe Regierungsbeamte begann zu glauben. Der Statthalter in Apostelgeschichte 13 erfuhr das Evangelium als eine enorme Macht, die sich direkt im Leben von uns Menschen manifestiert.

In Angst-Macht-Kulturen überzeugt ein solcher Machterweis die Menschen viel eher als rational vorgetragene Argumente. Für sie muss die Macht Gottes im Alltag erlebbar sein. Deshalb bezeichnen manche Theologen Mission auch als „geistlichen Kampf".

Christen sind Gottes mit Vollmacht ausgestattete Helfer, um die Bollwerke Satans zu überwinden und Gottes Herrschaft zu erweitern. Gottes Gemeinde befreit Menschen aus den Fesseln Satans und führt sie hinein in die neue Welt Gottes. Gläubige, die mit Gottes Geist ausgestattet sind, kämpfen mit Gottes Kraft gegen die versklavende Macht Satans. Evangelisation ist eine befreiende Machterfahrung. Bekehrung bedeutet, dass Menschen aus einem Herrschaftsbereich in den anderen versetzt werden – aus der Einflusssphäre der Hölle hinaus ins Reich des Lichts.

Der eigentliche Kampf um Kontrolle und Verehrung findet direkt zwischen Gott und Satan statt, aber er wird nicht nur in der unsichtbaren Welt, sondern auch hier auf der Erde ausgefochten, mit schwachen Menschen als Mitarbeitern Gottes. Im geistlichen Kampf machen wir uns den Sieg von Jesus im Himmel für das Leben hier auf Erden zu eigen.

Diesen Kampf kämpfen wir in erster Linie mit Gottes Wort, der Bibel, und im Gebet. Wir nehmen biblische Verheißungen und Versprechen Gottes in Anspruch, um der Verführung und Lüge aus Satans Scheinreich zu widerstehen. Das Gebet (schlichtes Gespräch mit Jesus und Hören auf ihn, laut oder leise) mit aufrichtigem Glauben ersetzt magische Rituale und Talismane, um Gottes übernatürliche Hilfe erfahrbar zu machen. Aus der Beziehung zum allmächtigen Schöpfer heraus bitten wir ihn schlicht um sein Eingreifen. Wir bitten, dass er seinen Einflussbereich in der Welt wachsen lässt („dein Reich komme") und manifestiert, indem er seine von Angst befreiten Christen hier auf der Erde segnet und gebraucht.

Als Christen können wir die göttliche Kraft aus der Schrift und im Gebet unterschiedlich zur Geltung bringen:

1. In der *Seelsorge* können wir Christen helfen, aus sündhaften Abhängigkeiten herauszukommen. Dazu hilft das Wissen um unsere wahre Identität in Christus, dass wir seine Kinder und Erben sind und niemand stärker ist als er, und um die geistlichen Mittel (Eph 6), die er uns im Kampf an die Hand gegeben hat. Wir helfen unserem Gegenüber, die teuflische Verführung und innere Heilung wahrzunehmen. Notleidende erleben Gottes Befreiung aus geistlichen Fesseln und Sünde.

2. Durch reale *Wunder* wird die Kraft von Gottes Geist für Menschen sichtbar, die Jesus noch nicht kennen. Christen haben die Macht, finstere Mächte zu überwinden, indem sie

laut im Namen von Jesus beten und seinen Sieg proklamieren.

3. *Prophetie* bezieht sich auf konkrete geistliche Worte, die andere Menschen lehren, ermahnen und ermutigen. Hier kommen das Wissen und die Macht, die der Geist Gottes schenkt, wunderbar zum Ausdruck.

4. An öffentlichen Plätzen werden die *Mächte* der Ahnengötter *herausgefordert* und die Überlegenheit des Schöpfergottes unter Beweis gestellt, wie bei Mose und dem Pharao (2Mo 7–12) und Elia im Kampf gegen die Baalspriester (1Kön 18). Gott fordert seine Mitarbeiter – einfache Menschen – manchmal auf, sich öffentlich bösen Mächten entgegenzustellen. Wenn sie das tun, zeigt er allen Anwesenden seine Macht.

5. *Träume* werden oft als Offenbarung Gottes angesehen. Aus der islamischen Welt hören wir häufig, wie sich Menschen Christus zuwenden, weil sie ihn im Traum gesehen haben. Wenn ich merke, dass ein Gespräch mit einem Muslim nur in eine Auseinandersetzung mündet, lenke ich es manchmal bewusst auf Träume und erkläre meinem Gesprächspartner: „Ich bete zu Jesus, dass er dir im Traum begegnet. Wenn das passiert, ruf mich bitte an!“ Auf diese Weise vermeide ich den Konflikt. Und manchmal staune ich, dass Gott dem Gegenüber nach ein paar Wochen wirklich einen solchen Traum schenkt …

Menschen können die gute Nachricht von Gottes Macht u. a. durch Seelsorge, Wunder, Prophetien, sein Wirken auf öffentlichen Plätzen und im Traum erfahren. Christliche Mission in Angst-Macht-Kulturen kann das Evangelium vermitteln, indem sich Gottes Macht in einer Weise offenbart, die für dieses Umfeld geeignet ist.[20]

Das meiste davon können wir nicht selbst tun, nur glaubend vorbereiten und uns von Gott dabei gebrauchen lassen. Wunder können wir ganz sicher nicht alleine bewirken, nur in der entsprechenden Situation vom Herrn erhoffen und erbitten. Doch unser Gott ist kraftvoll und derselbe wie seinerzeit in der Apostelgeschichte. Diese Tatsache bezeugen wir Menschen im Angst-Macht-Kulturtyp und erleben staunend mit, wie der Allmächtige sich manchmal zu unseren Worten stellt und kraftvoll handelt. Versuchen Sie es, Sie werden staunen!

GEMEINSCHAFT LEBEN

Paulus und Silas beteten im Gefängnis und lobten Gott. Plötzlich rüttelte ein Erdbeben an den Grundfesten ihrer Zelle, krachend brachen die Gefängnistüren auf und die Fesseln sprangen von den Händen aller Gefangenen. Der Gefängnisaufseher wachte auf, sah verzweifelt das Chaos und wollte sich umbringen, weil seine Gefangenen flohen. Er war für die Gefangenen verantwortlich, ihre Flucht hätte Schande über ihn gebracht. Grund genug in seiner Kultur, sich zu töten. Gerade noch rechtzeitig rief Paulus: „Halt! Wir sind noch hier!"

Der Aufseher traute seinen Augen nicht. Sie waren nicht geflohen, obwohl Gott ihre Fesseln gesprengt hatte? Ihre Verweigerung der Flucht gab ihm als Aufseher seine Würde zurück. Er konnte weiterleben. Als er sich wieder beruhigt hatte, erzählten Paulus und Silas ihm von Jesus. Der Gefängnisaufseher und seine Familie begannen zu glauben.

Sie hatten Tischgemeinschaft mit Paulus und Silas bei sich zu Hause – das war wirklich wichtig. Die Familie des Gefängnisaufsehers in Apostelgeschichte 16 kam zum Glauben an Jesus, weil sie das Evangelium (die Botschaft, dass Gott sich nach Gemeinschaft mit uns Menschen sehnt) bei einem guten Essen in Gemeinschaft erzählt bekamen (nachdem sie kurz zuvor Gottes Macht hautnah erlebt hatten).

Im Umfeld von Scham und Ehre bringt christliche Mission den Menschen das Evangelium über die Erfahrung echter Gemeinschaft nahe. Ein Gemeinschaftserlebnis ersetzt die Primärgruppe einer Person durch echte, tragfähige Beziehungen unter Glaubensgeschwistern. Die Person erfährt eine Veränderung im geistlichen Status durch die neue Gemeinschaft der Kinder Gottes.

Bekehrung bedeutet Loyalität und Zugehörigkeit zu einer neuen Gruppe, nämlich zu Gott und seinen Leuten. Menschen, die bis dahin keine Chance hatten, zu Gottes Familie zu gehören, erfahren Gemeinschaft im Licht von Gottes Ehre und definieren neu, wer als ehrwürdig gilt und was wirklich ehrwürdiges Verhalten ist. Ein Gemeinschaftserlebnis gemäß der Bibel bezieht sich auf drei Gruppen: einmal auf die Trinität (Gott Vater, Sohn und Heiliger Geist), seine Gemeinde und die Familie.

Die Trinität

Christliche Mission führt Menschen in die Gemeinschaft mit dem ehrwürdigsten und herrlichsten Wesen überhaupt hinein. Was Ehre und Würde ist, orientiert sich an der Gemeinschaft dieses dreieinigen Wesens: Vater, Sohn und Heiliger Geist ersetzen die Gemeinschaft der Ehre von Familie, Volk und Stamm. Der Vater heißt den Beschämten bei sich zu Hause willkommen, nimmt ihn gnädig auf und verleiht ihm Würde. Der Sohn Jesus fungiert nun als unser ehrwürdiger Bruder, der für uns einen Ehrenplatz im Himmel bereithält. Der Geist ist die Anzahlung auf unser künftiges Erbe in Herrlichkeit. Ansehen erlangt man nur in der Begegnung mit dem Angesicht Gottes. Nur wer Gott kennt, wie er sich durch Jesus offenbart, kann einen neuen achtbaren Status erlangen.[21]

Der Gefängnisaufseher in Philippi wollte sich umbringen, um damit die vermeintliche Schande zu bedecken, dass die ihm anvertrauten Gefangenen fliehen konnten. Er handelte wie ein japanischer Samurai. Um die Ehre seiner Gruppe aufrechtzuerhalten, wollte er sein Leben opfern. Dabei war das überhaupt nicht notwendig, denn (1) Gott selbst hatte die Gefangenen befreit, und (2) sie waren gar nicht weggelaufen, wie er gedacht hatte. Er hatte sich getäuscht.

Während wir Menschen in der westlichen Welt zuerst einmal vor Gott akzeptieren müssen, dass wir schuldige, sündhafte Menschen sind, müssen Mitglieder von Scham-Ehre-Kulturen zuerst die Falschheit ihrer sozialen Schande anerkennen. Beides kann sehr schmerzhaft sein. Der Gefängnisaufseher von Philippi hatte bereits sein Schwert gezogen, um sich zu töten. Als Paulus ihm zurief, dass sie noch da waren, hielt er lang genug inne, um zu begreifen, dass Ehre bei Gott alle menschliche soziale Schande überwiegt.

Ewige Herrlichkeit kommt einzig und allein durch den Sohn Gottes (Joh 17,22), weil nur die Meinung Gottes über uns Menschen für immer zählt. Der Mensch hat Gott als einzige Quelle und Schiedsrichter der Ehre verworfen. Damit haben wir vergängliche Ehre der unvergänglichen Herrlichkeit vorgezogen (Joh 12,42–43). Christliche Verkündigung ersetzt die falsche Scham („Ich bin ein unwürdiger Niemand") und falsche Ehre („Meine Gruppe ist die Beste") mit der wahren Ehre, die allein aus Gott kommt.

Um dem Aufseher das Leben zu retten, riefen Paulus und Silas: „Wir sind noch hier!“ So macht die Gruppe dem Einzelnen deutlich, dass es Rettung gibt. Die Gemeinde verkörpert Christus auf Erden. Normalerweise erfahren Menschen durch diese Gemeinschaft das Evangelium. Ehre kommt letztlich von Gott, aber in der Familie Gottes auf Erden gewinnt sie Gestalt, sie ruft den Menschen zu, dass es Rettung gibt, wie bei Paulus oben. Die christliche Gemeinschaft bejaht die Würde jedes Menschen. In der Gemeinde können Menschen stellvertretend die Gnade und Annahme erfahren, die sie freisetzt, sich offen zu ihrer Scham zu bekennen.

Wenn Menschen aus Scham-Ehre-Kulturen Jesus begegnen, beginnt das meist in irgendeiner Weise mit Gemeinschaft (erst Gemeinschaft, dann Evangelisation). Paulus ließ sich zum Essen in die Familie des Aufsehers einladen, hier erklärte er ihnen die Frohe Botschaft.

Bei uns in der westlichen Welt machen wir es meistens andersherum. Wir beginnen mit der Wahrheit, indem wir die Menschen zu einer Evangelisation einladen – und führen sie von hier aus dann in unsere Gemeinde (zuerst Evangelisation, dann Gemeinschaft). Dieses westliche Prinzip funktioniert in Scham-Ehre-Kulturen nicht so gut. Hier ist es besser, die Menschen zuerst zum Essen einzuladen oder sich einladen zu lassen, damit sie Gemeinschaft mit uns erleben, und ihnen nebenher von Jesus zu erzählen. Die Erfahrung der Gemeinschaft unterstreicht die Botschaft, dass Gott Gemeinschaft mit uns Menschen sucht.

Wir müssen gemeinschaftsorientierten Menschen erst die Erfahrungen in der Gruppe anbieten, bevor wir sie zum Fest des Lebens einladen. Sonst fällt es ihnen schwer, unsere Einladung des Glaubens anzunehmen. Im Neuen Testament wird häufig die Eingliederung in die Gemeinde Gottes mit geistlicher Rettung gleichgesetzt:

„Wer an ihn glaubt, soll nicht zuschanden werden. Für euch nun, die ihr glaubt, ist er kostbar... Ihr aber seid ein auserwähltes Geschlecht, ein königliches Priestertum, ein heiliges Volk, ein Volk zum Eigentum... die ihr einst nicht sein Volk wart, nun aber Gottes Volk seid". (1Petr 2,6–10)

Wenn wir das Evangelium in Scham-Ehre-Kulturen vermitteln, müssen wir als Gläubige Beziehungsbrücken zu den Menschen aufbauen, die ihnen Würde und Ehre vermitteln. Die Art und Weise, wie wir kommunizieren, muss zu unserer Botschaft passen, so dass die Ehre von Gott für unsere Zuhörer erfahrbar wird. Um diese Kulturen zu erreichen, ist es also notwendig, in Wort und Tat Ehre zu vermitteln. Den anderen zu beschämen, selbst unbeabsichtigt, widerspricht fundamental dem Evangelium der Ehre Gottes. Hier einige Wege, wie Sie den Menschen und Gemeinschaften dieses Kulturtyps die Ehre Gottes vermitteln können:

Der Gefängnisaufseher von Philippi bekam durch die Begegnung mit Paulus und Silas ein Gespür für Gottes Ehre. Indem sie nicht aus dem Gefängnis geflohen waren, hatten sie ihr Leben und ihren Ruf aufs Spiel gesetzt. Auf diese Weise retteten sie jedoch die Ehre des Aufsehers. Danach haben sie dankbar die Einladung zum Essen bei ihm zu Hause angenommen. Auch durch ein gemeinsames Essen ehrt man einander, denn es schafft Beziehung. Jesus hat vielen am Rande der Gesellschaft Ehre vermittelt (vgl. Lk 15), indem er bei und mit ihnen gegessen hat. In einer kollektivistischen Gesellschaft verkündigt man die Ehre Gottes durch miteinander Essen genauso deutlich wie durch eine Predigt.

Ein gutes Entwicklungsprojekt hilft Menschen, die ehrwürdigen Aspekte ihrer eigenen Person und Kultur zum Ausdruck zu bringen. Es vermittelt Hilfe zur Selbsthilfe auf Augenhöhe, die Menschen haben das Gefühl, selbst etwas Wesentliches beigetragen zu haben. Ein solches Projekt bezieht die Ressourcen und Möglichkeiten zur Mitarbeit der Menschen, denen geholfen werden soll, auf gute Weise mit ein. Ein Entwicklungsdienst, der sich die vorhandenen Mittel einer Gemeinschaft zunutze macht, vermittelt den Menschen Würde, weil er auf ihre Stärken und ihr Sozialkapital baut.[22]

Im krassen Gegensatz dazu stehen leider immer noch viele Entwicklungsbemühungen, die eher die Scham von Menschen aufrecht erhalten, weil sie nur bei ihren Nöten und ihrer Armut ansetzen. Immer auf der Empfängerseite zu stehen, verstärkt Gefühle von Minderwertigkeit und Machtlosigkeit. Wir müssen schauen, in welchem Rahmen die Menschen vor Ort mitarbeiten und mitbestimmen können. Beziehen wir sie echt mit ein, dann geben wir ihnen die Würde, die Gott ihnen zugedacht hat.

Durch Dienste echter Nächstenliebe können Menschen von Scham frei werden. Ein Beispiel dafür ist der medizinische Dienst von *Africa Mercy Ships*. Sie helfen Menschen, die durch Gesichtstumore entstellt waren. Nach den Operationen verändert sich meist auch der soziale Status der Menschen, denn sie haben sprichwörtlich ihr Gesicht zurück.

Auf der Beziehungsebene kann man Ehre vermitteln, indem man Konflikte auf ehrbare Weise austrägt. Christen, die in Scham-Ehre-Kulturen leben, müssen lernen, wie man Konflikte löst, ohne einander zu verletzen und bloßzustellen. Wenn ich unbeabsichtigt doch jemanden verletzt habe, sollte ich ihm helfen, seine verlorene Ehre wiederzuerlangen, anstatt ihn nur verbal um Verzeihung zu bitten.

Um unsere Vergebung auszudrücken, sollten wir auf nonverbale Formen zurückgreifen, wie das Geben von Geschenken oder eine Einladung zum Essen. Wer in einem Konflikt die Dynamiken Gesicht, Ehre und Ruf (nicht nur Richtig und Falsch) beachtet, der erhält und erneuert Beziehungen.[23]

Gemeinsames Essen, auf vorhandene Stärken der Gemeinschaft ausgerichtete Entwicklungshilfe, Dienste der Nächstenliebe und liebevolle Konfliktlösung sind greifbare Wege, wie wir als Christen in der Begegnung mit Menschen aus anderen Kulturen dem Begriff „Ehre“ Leben einhauchen können.

Die Familie

Viele unerreichte Völker lehnen die christliche Botschaft nicht aus theologischen Gründen ab, sondern wegen sozialer und kultureller Hürden. In kollektivistischen (auf Gemeinschaft ausgerichteten) Kulturen kann die Bekehrung eines Familienmitgliedes zu Jesus Scham über die ganze Familie und die sie umgebende Gemeinschaft bringen. Es gilt als nicht statthaft, die Religion der eigenen Familie zu verlassen. Wenn jemand aus einer Gemeinschaftskultur seine Religion unabhängig von der Gruppe wählt, fühlt sich die Gruppe abgelehnt, entwertet und beschämt.

Ich erinnere mich an einige Menschen in Zentralasien, die sich ihre Schande vor Gott eingestanden haben. Sie hatten verstanden, dass Jesus der einzige Weg zur Wiederherstellung ihrer ewigen Ehre war. Trotz ihres neuen Glaubens jedoch waren sie nicht bereit, ihren Stand in der Gesellschaft und ihre Familienehre aufs Spiel zu setzen, indem sie Jesus öffentlich folgten. Die Familie war ihnen wichtiger.

Wegen der sozialen Schande kann ein Evangelium, das nur in die Sprache von Scham und Ehre verpackt wurde, noch kaum

Wunder wirken. Wir müssen auch unsere Evangelisationsmethoden und unser Verständnis davon, wie Menschen Jesus kennenlernen, an den Kontext der jeweiligen Kultur anpassen.

Natürlich ist der Glaube an Christus etwas sehr Persönliches, wie wir es im Westen gerne betonen. Und zu ihm gehört auch, dass wir Christen nicht jedem Gruppenzwang nachgeben. Doch das Neue Testament geht weit darüber hinaus und bietet auch anderen Kulturen passende Hilfen an. Es kennt beispielsweise zahlreiche Fälle von Familienbekehrungen. Paulus hat sofort die ganze Familie des Gefängnisaufsehers eingeladen, sich von Jesus retten zu lassen, ausgehend vom Familienoberhaupt. So hat er den Skandal vermieden, dass eine einzelne Person Schande über den Rest seiner Familie hätte bringen können.

Uns im Westen behagt der Gedanke an „Gruppenbekehrungen" nicht recht, weil wir als Individualisten aufgewachsen sind. Doch die Menschen vieler anderer Kulturen treffen ihre Entscheidung lieber in der Gruppe, aufeinander bezogen und simultan. Wenn Menschen sich gemeinsam mit anderen ihrer Gruppe für Jesus entscheiden, wird vermieden, dass sie unnötig stark von der Gesamtgruppe ausgeschlossen werden.[24] Die Idee, dass Menschen sich in Abhängigkeit zueinander gemeinsam für Christus entscheiden, ist also biblisch. Es macht Sinn, unsere Arten von Evangelisation den Kulturen anzupassen.

Wenn sich zum Beispiel ein junger Mensch für Jesus interessiert, können wir seine ganze Familie in die Unterhaltung mit einbeziehen. Wenn wir mehr mit dem Familienoberhaupt reden (und es dadurch ehren) und versuchen, die ganze Familie für Jesus zu gewinnen, halten wir den sozialen Aufruhr in Grenzen, der entsteht, falls nur ein Glied der Gemeinschaft ausscheren würde. Suchen wir im missionarischen Ansatz die Begegnung mit der ganzen Gruppe, können die Menschen als Gemeinschaft Jesus erfahren, nicht nur als Einzelne. Das passt besser in eine kollektivistische Kultur als unser westliches Egodenken.

Trotzdem werden einige Menschen aus Scham-Ehre-Gemeinschaften auch für sich alleine eine Entscheidung für Jesus treffen. Das führt leider oft zu Familienstreitigkeiten. Manchmal sehen sich neue Christen wütenden Drohungen und übler Nachrede vonseiten ihrer Gruppe ausgesetzt. Inmitten dieser Schwierigkeiten kann es dennoch langfristig gut sein, sie zu ermutigen, in ihrer Familie und ihrem Freundeskreis als Salz und Licht zu bleiben.

In Scham-Ehre-Gesellschaften wird das Evangelium auf natürliche Weise im Netz der Großfamilie weitervermittelt. Soweit es irgend geht, sollten wir deshalb diese Netze erhalten und nutzen. Wenn junge Gläubige ihr soziales Umfeld verlassen, mindert das ihren Einfluss auf andere Leute. Drei Viertel der Christen in Zentralasien haben durch gläubige Verwandte zu Jesus gefunden. In Thailand ist es 229 Mal wahrscheinlicher, dass jemand gläubig wird, wenn es in der Verwandtschaft bereits Christen gibt.[25]

Für Menschen aus Scham-Ehre-Kulturen ergibt das Evangelium mehr Sinn, wenn sie die Gemeinschaft mit Gott und der Gemeinde innerhalb ihres Beziehungsnetzes erfahren.

5

SCHLUSS

Sünde führt zu Schuld, Scham und Angst, und das verdirbt die Menschheit, die wie eine Familie der Kinder Gottes zusammenleben sollte. Als Folge davon sucht man in allen Kulturen dieser Welt nach Unschuld, Ehre und Macht.

Gott, wie er sich in der Bibel offenbart, will alle Völker mit der gesamten Fülle des Heils in Jesus Christus segnen. Die Gemeinde ist gerufen, den Völkern so von Gott zu erzählen, dass sie es wirklich verstehen. Gott möchte nämlich unser tiefstes geistliches Verlangen stillen, und das kann unterschiedlich sein, je nach Kultur.

Wir sollten uns bemühen, die Botschaft der Bibel in ihrer Gesamtheit zu verstehen. Das gilt besonders für Leute, die im geistlichen Dienst mit Menschen in unerreichten Kulturen arbeiten. Legen wir unseren theologischen Tunnelblick ab, der nur eine Facette des Diamanten sieht und uns selbst in unserer Beziehung zu Gott einschränkt.

Manche Christen im Westen vertrauen vollkommen darauf, dass Jesus ihnen ihre Schuld vergeben hat, während sie immer noch von Scham und Angst geplagt sind. Sie schämen sich, weil sie meinen, „nicht gut genug" zu sein, und versuchen, ihre Mängel zu kaschieren. Wenn wir wegen Verletzungen durch andere (beispielsweise aus unserer Kindheit) denken, wir seien unzulänglich und wertlos, wirkt sich das auf unsere Freundschaftsbeziehung mit Gott aus. Dabei zielt die Frohe Botschaft darauf, dass Jesus umfassende Befreiung gibt, auch von unserer Scham.

Genauso kommt Angst in unserer westlichen Kultur vor. Vielleicht machen wir uns wenig Sorgen über geistliche Mächte, die uns quälen könnten. Aber wir sorgen uns um die Zukunft. Die Angst treibt uns dazu, Sicherheit und Schutz bei modernen „Mächten“ zu suchen (zum Beispiel Renten- und Lebensversicherungen). Bevor wir das Evangelium dreidimensional verbreiten können, müssen wir es im eigenen Leben leben.[26] Jesus befreit von Angst und Sorgen, er hat alle Macht! Lassen Sie sich befreien!

Wichtiger jedoch ist, dass ein eindimensionales Evangelium die Botschaft der Bibel verkürzt und so nicht ganz wahrheitsgetreu wiedergibt. Wir wollen den Menschen doch keine nicht so ganz biblische Sichtweise über Gott vermitteln? Das kann nicht unser Bestreben sein!

Wenn Gott uns nicht nur von Schuld, sondern auch von Scham und Angst befreit hat – nicht nur theoretisch, sondern ganz praktisch –, zeigt uns das die volle Größe von Gottes Herrlichkeit. Der dreidimensionale Ansatz kann dazu führen, dass wir unseren heiligen, herrlichen und allmächtigen Gott noch mehr anbeten. Wenn wir alle drei Dimensionen des Evangeliums verstehen, lernen wir Gott besser kennen und können ihn anderen verständlicher bekannt machen. Das ist mein Gebet:

„Er gebe euch erleuchtete Augen des Herzens, damit ihr erkennt (*und bekennt*), zu welcher Hoffnung ihr von ihm berufen seid, wie reich die Herrlichkeit seines Erbes für die Heiligen ist“. (Eph 1,18–19)

Amen!

FRAGEN ZUR DISKUSSION UND REFLEXION

Kultur (Kapitel 2)

1. Wo entdecken Sie Elemente von Schuld, Scham und Angst in dem Umfeld, in dem Sie das Evangelium verkündigen?
2. Was, denken Sie, sind gute und schlechte Elemente in ihrer Kultur?
3. Nennen Sie ein Beispiel, wie Sie (oder eine andere Person) in ein „kulturelles Fettnäpfchen“ getreten sind, weil Sie aufgrund der unterschiedlichen kulturellen Orientierung eine Situation falsch eingeschätzt haben!

Theologie (Kapitel 3)

1. Welchen Text aus der Bibel oder welche theologische Lehre verstehen sie jetzt besser?
2. Wie würden Sie die Beziehung zwischen den drei Dimensionen des Heils (Vergebung, Ehre, Macht) erklären?
3. Welchen Bibelvers oder welche biblische Geschichte wollen Sie auswendig lernen?

Verkündigung (Kapitel 4)

1. Welche Wahrheiten aus diesem Buch könnten bei den Leuten aus Ihrem kulturellen Umfeld nachhallen?
2. Wie könnten Sie Ihre Verkündigung anpassen, damit Menschen das Evangelium als Gemeinschaft oder Macht erfahren?
3. Erklären Sie kurz das Evangelium mit Begriffen aus dem Scham-Ehre-Umfeld (oder Angst-Macht-), ohne ins Buch zu schauen!

WEITERES MATERIAL ZUM THEMA

Auf der englischsprachigen Internetseite HonorShame.com finden Sie Material und weitere Angebote zur Fortbildung von Christen, die in Ehre-Scham-Kulturen arbeiten: kostenlose Trainingsvideos, Materialien für Evangelisation und Jüngerschaft, Buchempfehlungen, Zeitschriftenartikel uvm. Wenn Sie sich bei HonorShame.com/blog anmelden, bekommen Sie regelmäßig Informationen zum Thema.

In dem Buch *Ministering in Honor-Shame Cultures* wird die biblische Theologie von Ehre und Scham umfassend dargestellt. Sie finden außerdem mehrere Hinweise zur praktischen Umsetzung und Fallstudien zu wichtigen Aspekten der christlichen Mission. Dazu enthält dieses praktische und empfehlenswerte Handbuch passende Geschichten und interessante Einsichten für den Dienst in anderen Kulturen (InterVarsity Press, 2016, 272 Seiten).

Zum Download

Auf *HonorShame.com* finden Sie auch eine Leseprobe von Kapitel 7 „Relationships" („Beziehungen") aus obigem Buch. Darin geht es um die „acht Richtlinien für Beziehungen" in Ehre-Scham-Kulturen.

Weitere Buchempfehlungen

Sarah Lanier, *Überall zu Hause?! Menschen aus fremden Kulturen verstehen*, Verlag der Francke-Buchhandlung, 2006, 117 Seiten.

Ruth Lienhard, *Ehre, Scham und Harmonie: Interkulturelle Kontakte und ihre Herausforderungen: Ein Praxisbuch*, VTR, 2016, 108 Seiten.

Martin Lomen, *Sünde und Scham im biblischen Kontext: Ein ethno-hermeneutischer Beitrag zum christlich-islamischen Dialog*, VTR, 2003, 196 Seiten.

Thomas Schirrmacher/Klaus W. Müller (Hg.), *Scham- und Schuldorientierung in der Diskussion: Kulturanthropologische, missiologische und theologische Einsichten*, VTR / VKW, 2006, 308 Seiten.

Thomas Schirrmacher, *Scham- oder Schuldgefühl? Die christliche Botschaft angesichts von schuld- und schamorientierten Gewissen und Kulturen*, VKW, 2005, 96 Seiten.

Theo Volland, *Die leise Erweckung*, SCM Hänssler, 2018, 192 Seiten:

Dieses Buch erzählt davon, was wirklich passiert ist, zwei Jahre nach der großen Ankunftswelle von Flüchtlingen in Deutschland. Christen teilen bewegende Zeugnisse, wie Gott Beziehungen hat wachsen lassen, wie aus Engagement Leidenschaft wurde und sie im Kontakt mit muslimischen Flüchtlingen das erste Mal erlebten, wahre Lichtbringer zu sein. Sie staunen über das wunderbare Eingreifen Gottes in ausweglosen Situationen und darüber, was das mit dem eigenen Glauben macht, mittendrin zu sein, wenn Gott eine Erweckung schenkt. Und sie erzählen von dem Wunder, wie geflüchtete Menschen mit einem ungewissen Schicksal ihr Leben ihrem neuen Freund hingeben – Isa, Jesus.

„Ich bin Theo Volland unglaublich dankbar, dass er Hoffnungsgeschichten zusammengetragen hat, die von gelungenen Begegnungen berichten. Vom Glauben, der trägt – und der immer mehr Geflüchteten hilft, ihr Leben in einem neuen Licht zu sehen."

Rainer Holweger, Herrenberg, Pfarrer und Geschäftsführer der ChristusBewegung Lebendige Gemeinde

ANMERKUNGEN

1 Eugene Nida, *Customs and Cultures* (New York: Harper, 1954), 150. Diese dreigliedrige Einteilung von Kultur wurde von Nida eingeführt und dann erweitert und verbreitet von Roland Muller, *Honor and Shame: Unlocking the Door* (Philadelphia: Xlibris, 2001).

2 „Groupality“, *Wikipedia*, https://en.wiktionary.org/wiki/groupality (zuletzt abgerufen am 8.1.2018).

3 Als weiterführende Lektüre zu Epheser, siehe: Clint Arnold, *Power and Magic: The Concept of Power in Ephesians* (Eugene, OR: Wipf and Stock, 2001); Peter Gosnell, „Honor and Shame Rhetoric as a Unifying Motif in Ephesians“, *Bulletin for Biblical Research* 16:1 (2006): 105–128.

4 Muller, *Honor and Shame*, 16.

5 „Uncle Calls Boston Marathon Bombers ‚Losers‘“, *CNN*, 19. April 2013, http://www.cnn.com/2013/04/19/us/marathon-suspects-uncle/index.html.

6 Alexandra Garcia und Sergio Pecanha, „World Cup Despair in Brazil“, *The New York Times*, 9. Juli 2014.

7 Wesley Yang, „‚Tiger Writing‘, by Gish Jen“, *The New York Times*, 26. April 2013. http://www.nytimes.com/2013/04/28/books/review/tiger-writing-by-gish-jen.html.

8 Als weiterführende Lektüre siehe: „Understanding 8 Traits of Honor-Shame Cultures“, *www.HonorShame.com*, 17. April 2014, http://honorshame.com/understanding-8-traits-of-honorshame-cultures/; „The Chase for Face: The Shame of Western Collectivism“, Jackson Wu, 19. August 2014, http://www.washingtoninst.org/8618/the-chase-for-face-the-shame-of-western-collectivism/; David deSilva, *Honor, Patronage, Kinship, and Purity* (Downers Grove, IL: InterVarsity Press, 2000).

9 Steven V. Roberts, „White House Confirms Reagans Follow Astrology, Up to a Point“, *The New York Times*, 4. Mai 1988.

10 Als leicht verständliche Einführung zu dem Thema siehe: Lothar Käser, *Animismus – Einführung in seine begrifflichen Grundlagen* (Bad Liebenzell: Verlag der Liebenzeller Mission, 2004). (Anmerkung des Übersetzers.)

11 Paul Hiebert, „The Flaw of the Excluded Middle“, *Missiology* 10:1 (1982): 35–47.

12 Als weiterführende Lektüre siehe: Dean Halverson, „Animism: The Religion of the Tribal World“, *IJFM* 15:2 (1998): 59–67; Gailyn Van Rheenen, *Communicating Christ in Animistic Contexts* (Pasadena, CA: William Carey Library, 1996); Paul Hiebert, Daniel Shaw und Tite Tienou, *Understanding Folk Religion* (Grand Rapids, MI: Baker Academic, 2000).

13 Die Statistiken zu Bevölkerung und Religion stammen aus den Daten von Todd Johnson und Kenneth Ross (Hrsg.), *Atlas of Global Christianity* (Edinburgh University Press, 2009). Der Begriff „Christen“ bzgl. Südamerika beinhaltet Christen aus evangelikalem und charismatischem Hintergrund (sowohl römisch-katholisch als auch evangelisch), die Zahl der nominellen Christen ist also ausgeschlossen. Samuel Huntington, *Kampf der Kulturen – Die Neugestaltung der Weltpolitik im 21. Jahrhundert* (München: Siedler bei Goldmann, [5]1998); Richard Lewis, *Handbuch internationale Kompetenz – Mehr Erfolg durch den richtigen Umgang mit Geschäftspartnern weltweit* (Frankfurt: Campus Verlag, 2000).

14 Als weiterführende Lektüre siehe: Jason Borges, „‚Dignified‘: An Exegetical Soteriology of Divine Honour“, *Scottish Journal of Theology* 66:1 (2013): 74–87; Jayson Georges, „From Shame to Honor: A Theological Reading of Romans for Honor-Shame Contexts“, *Missiology* 38:3 (2010): 295–307; Edward T. Welch, *Shame Interrupted: How God Lifts the Pain of Worthlessness and Rejection* (Greensboro, NC: New Growth Press, 2012); Werner Mischke, *The Global Gospel* (Scottsdale, AR: Mission ONE, 2015). Siehe auch folgende Videos, die die biblische Heilsgeschichte mit sprachlichen Metaphern rund um Ehre und Scham auf prägnante Weise vermitteln: „How Does God Seek Face?“ von Jackson Wu und „Back to God's Village“ von HonorShame.com, beide verfügbar auf YouTube.com.

15 Als weiterführende Lektüre siehe: Tom Julien, *The Three Princes: Lifting the Veil on the Unseen World* (Winona Lake, IN: BMH, 2011); Tremper Longman III, „The Divine Warrior: The NT Use of an OT Motif“, *Westminster Theological Journal* 44 (1982): 290–307.

16 Timothy Tennent, *Theology in the Context of World Christianity: How the Global Church Is Influencing the Way We Think about and Discuss Theology* (Grand Rapids, MI: Zondervan, 2007), 92.

17 Als weiterführende Lektüre siehe: Joel Green und Mark Baker, *Recovering The Scandal of the Cross: Atonement in the NT and Contemporary Contexts* (Downers Grove, IL; InterVarsity Press, ^{2}2011); J. I. Packer, *The Logic of Penal Substitution* (Fig, 2012).

18 Jackson Wu, *Saving God's Face: A Chinese Contextualization of Salvation Through Honor and Shame* (Pasadena, CA: William Carey, 2012).

19 Die drei Wortfelder wurden mit Erlaubnis verändert. Sie stammen aus einem unveröffentlichten Papier von Dr. Tom Steffen. Als weiterführende Lektüre siehe: Craig Ott, „The Power of Biblical Metaphors for Contextualizing the Gospel", *Missiology* 42:4 (2014): 357–374.

20 Als weiterführende Lektüre siehe: Neil Anderson und Timothy Warner, *Beginner's Guide to Spiritual Warfare* (Ventura, CA: Regal, 2008); Clint Arnold, *3 Crucial Questions about Spiritual Warfare* (Grand Rapids, MI: Baker Academic, 1997); Doug Hayward, „The Evangelization of Animists: Power, Truth or Love Encounter?" *IJFM* 14:4 (1997): 155–159.

21 Christopher L. Flanders, *About Face: Rethinking Face for 21st Century Mission* (Eugene, OR: Wipf & Stock Pub, 2011).

22 Robert D. Lupton, *Toxic Charity: How Churches and Charities Hurt Those They Help, And How to Reverse It* (New York, NY: HarperOne, 2012); Steve Corbett und Brian Fikkert, *When Helping Hurts: How to Alleviate Poverty Without Hurting the Poor ... and Yourself* (Chicago, IL: Moody Publishers, 2012).

23 Duane Elmers hervorragendes Buch *Cross-Cultural Conflict* (Downers Grove, IL: InterVarsity Press, 1993) hilft Christen, Konflikte in Ehre-Scham-Kulturkontexten vernünftig zu lösen.

24 Tennent, *Theology in the Context of World Christianity*, 97–99.

25 Marten Visser, *Conversion Growth of Protestant Churches in Thailand* (Zoetermeer, 2008), 123.

26 Zur Vertiefung siehe: „3D Gospel", *Hope Church* (Oakdale, MN), 16. März 2014, http://www.hopechurchoakdale.com/2014/03/3d-gospel-march-16-2014/; Brene Brown, „Listening to Shame", *TED*, März 2012, http://www.ted.com/talks/brene_brown_listening_to_shame.

ZUM AUTOR

Jayson Georges (M. Div., Talbot) hat die Internetseite *HonorShame.com* ins Leben gerufen und unterhält dort einen Blog zum Thema dieses Buches.

Mit seiner Familie lebte er neun Jahre in Zentralasien, wo sie in der Jüngerschaftsschulung und Gemeindegründung tätig war. Jayson Georges arbeitet als Missiologe bei einer christlichen Organisation, erstellt Hilfsmittel für Mission und hält praxisorientierte Seminare. Ihm selbst hat das Verständnis der in diesem Buch beschriebenen Scham-Ehre-Dynamiken sehr geholfen – in Beziehungen zu Menschen, in der Verkündigung des Evangeliums und darin, Gottes Gnade tiefer zu verstehen.

ÜBER DIE DMG

Die *DMG interpersonal e. V.* ist ein weltweit tätiges christliches Missions- und Hilfswerk mit Sitz in Sinsheim bei Heidelberg. Derzeit sind 350 Mitarbeitende in 80 Ländern in Hilfsprojekten und kirchlich-missionarischen Aufgaben unterwegs. Wir helfen ganzheitlich Menschen in Not und geben die gute Botschaft der Bibel weiter, passend zu unserem Motto:

Damit Menschen Gott begegnen

Schon Jahrzehnte kümmert sich die DMG auch um geflüchtete Menschen und Einwanderinnen und Einwanderer in Deutschland. Inzwischen sind mehr als 40 Vollzeitmitarbeitende in der Migrantenhilfe tätig. Gerne begleiten wir auch Ihre Gemeinde in dieser Hinsicht. Kommen Sie auf uns zu:

Telefon 07265/959-0 oder E-Mail kontakt@dmgint.de

Jesus sagte: „Mir ist alle Macht im Himmel und auf der Erde gegeben. Darum geht zu allen Völkern und macht sie zu Jüngern. Tauft sie im Namen des Vaters und des Sohnes und des Heiligen Geistes und lehrt sie, alle Gebote zu halten, die ich euch gegeben habe. Und ich versichere euch: Ich bin immer bei euch bis ans Ende der Zeit." (Matthäus 28,18–20, *Neues Leben Bibel*)

Mehr aus dem Neufeld Verlag

Kenneth E. Bailey, *Der ganz andere Vater – Die Geschichte vom verlorenen Sohn aus nahöstlicher Perspektive.* ISBN 978-3-937896-23-6, 4. Auflage 2021

Marcus Bastek, *Der Angst entkommen.* ISBN 978-3-86256-179-7, 2022

Friedemann Büttel, *Mehr! Warum es sich lohnt, Jesus zu folgen.* ISBN 978-3-86256-158-2, 2020

Timothy J. Geddert, *Das immer wieder Neue Testament.* ISBN 978-3-86256-161-2, 2021

Stefan Gustavsson, *Kein Grund zur Skepsis! Acht Gründe für die Glaubwürdigkeit der Evangelien.* ISBN 978-3-86256-150-6, 2. Auflage 2019

Adam Hamilton, *Gegen die Angst – 31 Lektionen der Hoffnung für unsichere Zeiten.* ISBN 978-3-86256-163-6, 3. Auflage 2021

Henri J. M. Nouwen, *Adam – Mein Freund ohne Worte.* ISBN 978-3-86256-177-3, 2022

Hanna Schott/Volker Konrad, *Angekommen! Vier Kinder erzählen von ihrem ersten Jahr in Deutschland.* ISBN 978-3-86256-074-5, 3. Auflage 2022

Glenn J. Schwartz, *Wenn Nächstenliebe klein macht – Finanzielle Abhängigkeit in Mission und Gemeinde überwinden.* ISBN 978-3-86256-157-5, 2020

David W. Shenk, *Christen begegnen Muslimen – Wege zu echter Freundschaft.* ISBN 978-3-86256-069-1, 3. Auflage 2016

Dallas Willard, *Jünger wird man unterwegs – Jesus-Nachfolge als Lebensstil.* ISBN 978-3-86256-008-0, 6. Auflage 2022

Dieses Buch wurde **in Deutschland** hergestellt.

Das Papier, das dafür verwendet wurde, ist FSC®-zertifiziert. Als unabhängige, gemeinnützige, nichtstaatliche Organisation hat sich der Forest Stewardship Council® (FSC®) die Förderung des verantwortungsvollen und nachhaltigen Umgangs mit den Wäldern der Welt zum Ziel gesetzt.

FSC www.fsc.org MIX Papier aus verantwortungsvollen Quellen FSC® C083411

Außerdem unterstützen wir ein **Waldschutzprojekt** in Kolumbien. Diese Initiative schützt 1150 200 Hektar tropischen Regenwald und bewahrt dessen Biodiversität. Hand in Hand mit den Gemeinden, bietet sie Bildung, Gesundheitsversorgung, Ernährungssicherheit und weitere soziale Leistungen für 16 000 Menschen aus sechs indigen ethnischen Gruppen.

Klimaneutral Druckprodukt ClimatePartner.com/15105-2206-1001

Dieses Buch wurde bewusst **nicht in Folie eingeschweißt**; unser Versandpartner verwendet zudem Papier und nicht Plastik als Füllmaterial.

Stellen Sie sich eine Welt vor, in der jeder willkommen ist!

neufeld-verlag.de